KB159966

나의 작은 철학

나의 작은 철학

일상의 틈을 우아하게 건너는 법

장춘익 지음

곰출판

새로운 사유로 나가는 즐거움

내가 아는 장춘익은 사유와 대화에서 몇 가지 따라갈 수 없는 미덕을 가진 철학자다. 대부분의 경우 그는 대화의 주제가 된 철학적·사회적·일상적 문제를 가장 빨리 그리고 깊게 그 핵심으로 접근하는 사람이고, 난제 앞에서 그것을 해결하는 아이디어를 제안하는 사람이며, 동시에 분위기를 반전시키는 특별한 유머 감각을 발휘하는 사람이었다.

진정한 유머 감각은 단지 재미있는 표현을 구사하는 말의 기술이 아니다. 그것은 오히려 대화의 목적과 상대방의 처지에 대한 깊은 이해, 그리고 폭넓은 지적·문화적 소양에서 나오는 종합적인 대화의 기술이다. 그와의 대화에서 나뿐 아니라 많은 사람들이 내적으로 확장되고 가벼워지는 즐거움을 누리는 가운데 문득 진실의 곁에 온 느낌을 자주 받았던 것은 그래서 우연이 아니다. 그와의 대화는 그를 직접 접했던 대부분의 사람들에게 매우 특별한 경험이자 행운이었다.

이 책에 실린 그의 80편의 짧은 글들은 놀랍게도 바로 이러한 철학자 장춘익 특유의 미덕, 즉 통찰력 넘치는 사유와 반전을 숨겨놓은 자유로운 대화의 힘을 그대로 이어받았다. 이 책이 세상에 나옴으로써, 그의 가까운 동료나 학생들만이 누렸던 친밀하고 자유로우며 행복한 지적 대화의 행운은 이제 독자라면 누구나 접근할 수 있는 공공자산이 된 셈이다.

좀 더 구체적으로 살펴보자. 장춘익은 우리 일상의 다양한 영역과 상관 있는 중요한 개념이나 현상에 대해 쉬운 말로 자신의 견해를 풀어나간다. 그런데 편안하게 툭 말을 건네는 것 같던 그는 어느덧 그 개념이나 현상이 발현하는 중요한 현실의 맥락과 문화적 배경으로 우리를 안내한다. 한 페이지에서 세 페이지 정도의 짧은 글을 읽었을 뿐인데, 우리는 수치심, 수줍음, 죄책감의 차이에 대해서, 그리고 관용의 실천을 어렵게 만드는 포함과 배제의 전략적 사고에 대해서, 고독과 불안, 저항과 용기, 부러움과 존경심이 겹치고 어긋나는 지점을 섬세하게 비추어내는 그의 관찰과 사유의 결과를 받아든다. 더 나아가 독자는 돈과 상품사회의 명암에 대해 간략하지만 적절하고 풍부한 레슨을 받을 수 있고, 신용카드의 사용에 깃든 인정 욕구를 이해하게 되며, 장차 전면적인 사회 위기를 불러올 저출산 현상이 교육과 취업의 경쟁으로 출현한 새로운 잉여적 개인들의 '자기복제의 포기'와 상관이 있다는 점을 주목하게 된다.

하지만 장춘익과의 대화에서 내가 특별히 감탄하고 좋아했던 점은, 날카로운 비판과 현실적인 통찰에도 불구하고 그의 사유에는 삶에 대한 긍정과 행복에 대한 남다른 감각이 살아 있다는 사실이었다. 그것은 합리적 성찰에 앞서 내면화한 보다 근본적인 삶에 대한 태도일 터인데, 이러한 그의 태도는 이 책에서도 잘 드러나 있다. 그는 나의 사유와 정서 속으로 타인의 관점과 관심을 받아들여 "그 영향으로 내가 달라질 수 있다는 가능성"을 긍정한다. 또한 신에 의존하지 않고, 돈이 충분치 않고, 페미니스트로 살아도 삶에서 의미를 확인하면서 "나름대로 멋지고 행복하게 살아야" 할 이유를 강조한다. 사실 삶에 대한 이 두 가지 입장은 서로 연결되어 있다. 세속적인 삶의 한계와 가능성은 좋아하고 싫어하는 것을 공유하거나 그럴 가능성이 있는 타인들과의 연대에 결정적으로 의존하기 때문이다. 그리고 동질적 타인들과 어울려 나름대로 멋지게 살 때, 그 삶의 가치와 의미는 구태여 옹호하고 선전할 필요도 없이 스스로 설득력을 발휘한다.

철학적 내용을 중심으로 보자면, 이 책에서도 장춘익은 계몽적 주체성, 즉 이성적이고 비판적으로 사고하고 사적 삶에서 자유롭게 실험하면서도 토론 공동체에의 참여를 기반으로 사회적 문제를 해결하고자 노력하는 개인을 지향하고 있다. 그는 비판적 사회철학자로서, 근대 이후 계몽주의 전통의 문제와 한계에 눈 감지 않지만, 그 전통의 장점을 살려 현대의 문제에 얼마만큼 대처할 수 있는지를 줄기차게 탐구해왔다.

언뜻 철 지난 합리성에 얽매인 낙관적인 대학교수의 설교가 아닐지 염려하는 독자도 있으리라. 하지만 이 책에서 드러나는 저자의 서늘하기까지 한 현실 감각, 즉 제거될 수 없는 현실의 우연성과 유한성에 대한 직시, 절실한 위로가 부재하고 거절당하는 것이 "예의 바른 사람들 사이에서 펼쳐지는 현실적 드라마"라는 인식, 정서와 선택에서 약점을 가질 수밖에 없는 개인들에게 "당연한 듯한 관습"과 "공정한 듯한 윤리와 제도조차도 번뇌와 고통의 원인"일 수 있다는 통찰은 그의 합리성 철학이 섣부른 낙관주의와는 거리가 멀다는 것을 말해 주고 있다. 그는 자신의 최선의 숙고를 통해서도 이해, 해결, 변화시킬 수 없는 세상의 문제들이 있음을 잘 알고 있다.

6장의 글과 그 외 몇몇 글들은 사랑이라는 주제를 다룬다. 이 책의 글들 대부분이 저자가 교육 현장에서 만난 청춘들을 대상으로 쓴 것인데, 바로 그들의 주요 고민과 관심사에 대해 이야기하고 싶었기 때문일 것이다. 장춘익은 "성이 친밀성의 유일한 터전"인 것처럼 여겨지는 현실을 개탄하고 스스로 "기다리고 안타까워만 하는" 낭만적 사랑을 버린 것을 긍정적으로 평가하지만, 동시에 "안온한 사랑"의 가치를 강조하고 연인이나 배우자 이외의 사람들에게 "확산하는 친밀감"이 가능해지길 희망한다. 이는 중년 남자의 개인적 경험과 체념 또는 지혜를 반영하는 것이기도 하겠으나, 동시에 존재의 불안을 독점적 사랑으로 보상하려는 청춘들의 근시안적 태도에 대한 경고이기도 하다. 장춘익이 말하는 '확장된 친밀감'은 사실 성평등이 보편적으로 실현된 현실을 전제로 하는 것으로,

그것은 "대등하며 존중할 만한 사람들과의 관계에서 오는 다양한 재미"이다. 따라서 그의 사랑에 대한 사유가 여성의 실존적 자유와 사회적 주체성, 그리고 보편적인 성평등의 당위에 대한 강조로 이어지는 것은 필연적이다.

철학적 사고의 깊이, 세상에 대한 이해, 그리고 문학적 표현력에서 저자 장춘익보다 부족한 내가 그의 책에 대한 '추천의 글'을 쓰게 되었다. 이 년 전 그가 갑자기 우리 곁을 떠나면서, 나에겐 "잠깐 함께 분노하고, 그보단 길게 즐거운 얘기를 나누고, 그 이후엔 제법 긴 침묵도 어색하지 않게 같이 한잔할 수 있는 친구" 한 명이 사라졌고, 그만큼 나의 세계도 협소해졌다. 이 책을 읽으면서, 추천의 글을 쓰기 위해 그의 문장을 다시 나의 눈과 손으로 옮기면서, 나는 적잖은 위로를 받았다. 이 책은 일상의 난제를 마주한 길목마다 침묵을 깨뜨리고 새로운 사유로 나가는 해방의 즐거움을 선사했던 우리의 대화가 독자들과의 대화로 확장되고 이어질 거라는 희망을 품게 한다.

주동률 (한림대학교 철학과 교수)

차례

추천의글 새로운 사유로 나가는 즐거움 5

1장 철학

요리철학 혹은 철학요리 17 | 인류 최고의 생각 22 | 상상력과 조형적 지식, 그리고 지행합일 24 | 우리에게 토론문화가 낯선 까닭은 28 | 취미, 상식, 전공기초지식, 그리고 교양 33 | 철학은 무엇을 위해 있는가? 36 | sfewing 41 | 고대와 연대 43 | 즐거움 되찾기 45 | 기억, 서사, 역사 47

2장 덕

개성에 관하여 61 | 성숙함에 관하여 63 | 사랑에 관하여 66 | 예의에 관하여 69 | 신념에 관하여 71 | 명예(1) 명예에 관하여 74 | 명예(2) 명예와 자존감 77 | 명예(3) 명예와 수치심 79 | 관용에 관하여(1) 82 | 관용에 관하여(2) 88 | 분노에 관하여 92 | 감사함에 관하여 96 | 수양에 관하여 100 | 양심에 관하여 103

3장 자유

고독에 관하여 109 | 우울에 관하여 112 | 자기존중과 타인존중 115 | 위로에 관하여 118 | 인식의 구토 120 | 노인살해 123 | 사유와 외출 125 | 저항과 용기의 차이 127 | 삶, 연출할 것인가 실험할 것인가 129 | 나는 약점 있는 사람이 좋다 131 | 사랑? 자유의 문턱에서 134 | 친구 136

4장 사회

말과 힘 139 | 비밀 141 | 불가촉천민, 불가촉귀인 147 | 타인의 삶에 어디까지 개입할 수 있는가 149 | 개인의 자율성과 사회의 규율성 152 | 시민에 관하여 163 | 정치적 행위의 목표 165 | 다수결 167 | 품위와 자존심 168 | 거리의 미학 171 | 어떤 빈곤에 관하여 174 | 매체와 침묵 178 | 돈과 권력 181 | 부러움만 있고 존경은 없다 182 | 신용카드 186 | 신新 잉여인간 189 | 보수를 기다리며 192 | 해고의 자유 195

5장 시장

돈에 관하여 199 | 돈이 국경이다 203 | 돈과 이방인 205 | 돈, 소외와 자유의 동시적 근원 208 | 돈과 욕망 212 | 상징소비 215 | 상품경제의 매력 218 | 상품경제의 한계(1) 221 | 돈과 직업, 동료애 225 | 상품경제의 한계(2) 228 | 상품경제의 한계(3) 231 | 상품경제의 한계(4) 235 | 착취에 관하여(1) 상품가치의 지표 238 | 착취에 관하여(2) 분배의 권력 241 | 착취에 관하여(3) 롤스와 노직 243

6장 사랑

종교와 행동주의 249 | 종교는 왜 모든 사회에 있었을까? 251 | 종교가 없으면 삶이 삭막하기만 할까? 255 | 모든 것을 주는 사랑? 258 | 성의 자유, 성으로부터의 자유(1) 262 | 성의 자유, 성으로부터의 자유(2) 265 | 사랑과 도덕의 변증법 270 | 권력의 원형 274 | 여성의 신비화와 비밀의 변증법 275 | 어쨌건 페미니스트인 Y에게 281

에필로그 낙지인생 285
엮은이의글 우리, 어디서 다시 만날까 286

일러두기

1. 이 책은 저자 장춘익이 한림대학교 철학과 학생들과 소통하기 위해, 1999년부터 약 십 년간 운영했던 개인 홈페이지 〈날개통신〉에 올라온 글을 바탕으로 구성됐다. 《한림학보》나 강연을 위해 작성한, 그 외의 글들은 각주로 출처를 표기했다.

2. 이 책에 등장하는 인명과 지명을 비롯한 외래어는 국립국어원의 외래어표기법을 따랐다. 다만, 일상적으로 널리 쓰여 이미 익숙한 용례가 있는 경우 이를 따랐다.

3. 본문에서 영화나 그림, 음악 등은 〈 〉로, 단행본과 정기간행물은 《 》로 표기했다.

4. 내용의 이해를 돕기 위해 엮은이가 작성하여 추가한 글은 따로 표시했다.

철
학

요리철학 혹은 철학요리

먹는 걸 좋아하지만 요리하는 재주는 없어서 나는 세상 무엇보다 남이 해주는 요리에 진심으로 감사하는 마음을 가지고 있다. 애초부터 나의 천사는 부엌에서 땀 흘리고 있었지, 눈부신 하얀 날개를 달고 나팔이나 불며 다니는 어린아이가 아니었다. 그런 어린아이 그림을 보면, 그저 날개는 (제 손으로 세탁할 것 같지는 않은데) 누가 어떻게 세탁해주는지가 궁금했을 따름이다.

식탐(내 스스로는 음식에 대한 경건한 태도로 이해하지만) 때문일까, 수업에서도 나는 종종 요리를 예로 들어 설명하는 버릇이 있다. "개념 없는 직관은 맹목이고, 직관 없는 개념은 공허하다"는 칸트 순수이성비판의 핵심명제를 "조리법recipe 없는 요리 재료는 맹목이고, 요리 재료 없는 조리법은 공허하다"로 바꾸어놓고, 이보다 더 좋은 설명을 찾으려는 노력은 이제 하지 않아도 되겠다고 생각했다.

그런데 나는 요리를 칸트철학을 설명하기 위한 비유 정도로 생각하는 데 그치지 않는다. 철학을 더도 덜도 말고 꼭 조리법처럼 생각하면 된다고 믿는 편이다. 다음의 명제에서 '조리법'이나 '요리'를 죄다 '철학'으로 바꾸어서 읽어보기 바란다. 그것이 대강 내가 가지고 있는 철학에 대한 입장이다.

- 조리법을 따르되, 믿고 숭배하는 대상으로 여기지는 마라. 조리법에 절하면 이상하지 않은가?
- 함부로 자기만의 조리법이라고 하지 마라. 이미 남들이 다 해본 것이거나, 너무 형편없어서 아예 조리법에도 못 낄 가능성이 크다.
- 상식을 (추종하지는 않더라도) 존중해라. 적어도 생감자 놓고 "순수한 본질에 접근한" 요리라고 하든가, 썩은 감자로 "심오한" 요리라고 하는 것은 상식 세계에서 통하지 않는다. 가끔은 냉장고(머릿속)도 정리해라. 냉장고에서도 썩는다. 삭힌 홍어처럼, 상식을 벗어난 요리가 인정받기는 쉬운 일이 아니다.
- 여러 조리법이 있을 수 있다는 사실을 잊지 마라. 조리법이 하나뿐인 세상은 끔찍하다.
- 전통 조리법을 존중해라. 전통 요리란 좀 번거롭더라도 깊은 맛을 내는 경우가 많다.
- 조리법은 입맛을 따라야 하지만, 입맛도 훈련되어야 한다.
- 퓨전 조리법은 유의하라.
- 요리할 때 조미료를 너무 많이 넣지 마라(수사법으로만 승

부하려 하지 마라).

- 인스턴트 요리 너무 많이 먹지 마라. 그러다가 인스턴트 인생 된다.
- 글로 쓰이지 않은 요리법이 많다는 사실을 잊지 마라. 그리고 자기의 조리법을 설명하지는 못하지만 훌륭한 조리법을 가지고 있는 사람들이 많다는 사실을 잊지 마라. 손맛을 무시하는 자는 요리의 세계를 모르는 자다.
- 같은 조리법을 따랐어도 요리는 상당히 다를 수 있다. 요리책은 요리사를 대신하지 못한다.
- 자꾸 이상한 것을 먹어야 미식가가 된다고 착각하지 마라. 그것은 더 이상 요리의 세계가 아니다.
- 너무 이것저것 요리하지 마라. 자기가 잘할 수 있는 것 몇 가지만 하고 다른 것은 남들이 하게 두어라. 그게 요리 세계를 위해서 더 낫다. 요리책도 너무 많이 쓰지 마라.
- 배가 고프더라도 역 앞에서 수십 가지 메뉴 적어놓고 지나가는 손님 끌어당기는 식당은 피하라. 요리가 아니라 싸구려 먹이일 가능성이 크다.
- 장사할 게 아니면, 네 요리 솜씨 알리는 데 너무 혈안이 되지 마라. 요리는 내가 구체적으로 접하는 소수의 사람들을 위해서 하는 것이다.
- 너무 좋은 부엌을 가지려고 하지 마라. 조리 환경이 나빠서 요리를 못하는 경우는 드물다.
- 요리사 자격증 가졌다고, 무슨 호텔 조리사 출신이라고 너

무 뽐내지 마라. 특히 외국 호텔 조리사 자격증 뽐내지 마라. 현장에서 달랑 프라이팬 하나 가지고 먹을 만한 것을 만들어낼 수 있느냐가 문제다.

- 요리값을 너무 비싸게 받지 마라. 너는 일류 호텔이랍시고 접시에 별것 아닌 것 조금 내놓고는 비싼 음식값에 봉사료, 세금까지 따로 받으면 좋더냐? 배고픈 사람에겐 공짜로도 좀 줘라.

- 요리 재료의 원산지를 속이지 마라.

- 요리 재료 좀 아껴 써라. 재료 먼저 차지해서 다 망쳐놓으면 잘하는 조리사도 대책이 없다.

- 상대방이 "배부르다"고 하면 요리를 그만 내라. 좋은 요리도 억지로 먹이면 고문이다.

- 상대에 따라서는 요리가 아니라 운동과 다이어트를 권해라. 그렇게 꼭 네 요리를 팔아야 하겠니? 술장사를 할 때도 너무 취한 사람에게는 더 팔지 않는 법이다.

- 훌륭한 조리사도 가끔 설거지를 할 수 있는 거다. 요리는 장보기로 시작해서 설거지와 청소로 끝난다. 요리 과정에서 나는 언제나 핵심적으로 중요한 일만 하겠다는 발상은 버려라. 한상궁은 장금이랑 같이 장보는 것부터 하지 않더냐.

- 요리에 자신이 없으면, 좋은 식당을 소개하는 것도 미덕이다. 그냥 신문에서 본 정도만 가지고 소개하는 게 아니라 직접 맛보고 요모조모 따져본 끝에 괜찮다고 판단한 식당을 추천한다면 말이다. 대강대강 간판만 소개하는 사람은 되

지 말자. 식당 삐끼 노릇은 더더욱 하지 말자.

- 명심하라, 조리법은 사람을 위해서 있는 것이다. 사람 죽이는 조리법은 최악이다.
- 무엇보다 감사하게 먹어라. 음식 재료가 생기기 이전에 있었던 탄소동화작용에서부터 씨앗, 농부의 손길, 그리고 죽어서 석유와 가스로 변해 연료가 되어준 공룡에 이르기까지 모든 것에 감사해라. 정답게 같이 먹을 사람이 있다면 더 이상 부러울 것이 없다.

요리와 철학의 공통점을 말하는 것은 아무래도 끝이 없겠다. 더 쓰자니 배가 고프다. 그냥 '철학은 인생 조리법'이라고 해두자. 나도 한두 가지 요리는 잘할 줄 알게 되어, 얻어먹지만 말고 가끔 남에게 별식을 만들어줄 날을 기대한다. 사실 이것은 요리 잘 못하는 사람이 폼 잡는 방법이다. 평범한 요리는 못하면서 특별한 요리 한 가지 해서 남을 놀라게 하는 것이다. (그래서 스파게티를 가끔 만들었는데, 요즘은 식구들이 안 먹겠단다. 소스의 베이스가 인스턴트라는 것을 눈치챘나?)

인류 최고의 생각

인류가 이제까지 내놓은 생각 중 최고가 무엇이라고 생각하는가? 좀 황당한 질문이리라. 코페르니쿠스나 갈릴레이의 지동설이라고 말하는 사람도 있을 테고, 아인슈타인의 상대성이론을 떠올리는 사람도 있을 것이다. 사람마다 각자 취향에 따라 어떤 것을 떠올리든 어느 것 하나 틀리지 않을 것이다. 그래서 이 질문에는 정답이 없다. 나에게도 내 취향대로의 답이 있다.

"모든 인간이 동등한 권리를 가지고 있다."

이 얼마나 대단한 발상인가. 나는 이것이 인류가 이제껏 내놓은 생각 중에 인류의 삶에 가장 큰 영향을 미친, 기발하고 기특하며 아름다운 생각이라고 여긴다. 참 신기하지 않은가? 어떻게 인종과 성별, 나이, 힘의 세기, 지능이 다 다른데 인간이 인간으로서 동등한 권리를 가지고 있다는 발상을 했을까? 분명 현실에서는 사람들이 평등하지 않은데, 어떻게 모든 인간이 평등해야 한다는 발상을 할 수 있었을까? 정말 놀라운 생각 아닌가?

누군가는 사상이 인간에게 미치는 영향에 대해 회의적일지 모르겠다. 현실은 현실이라고 하면서 말이다. 그러나 "모든 인간이 동등한 권리를 가지고 있다"는 발상이야말로 사상이 인간에게 얼마나 큰 영향을 미치는지 보여주는 가장 좋은 예다. 이러한 생각이 있었기에 그렇게 많은 사람들이 폭력과 권위적 체제, 불의에 맞서 목숨까지 걸면서 싸울 수 있지 않았겠는가. 생각이 아니라 경제적 현실이 사람의 행동을 규정한다고 했던 마르크스도 사실은 이와 같은 생각에 이끌려 세계를 해석하는 새로운 틀을 내놓은 것이다. 이 발상보다 인류의 삶에 큰 영향을 미치고 인류의 삶을 고귀하게 만든 생각이 또 있을까.

'인간이 평등하다'는 발상이 놀랍다는 나의 말에 여러분이 피식 웃고 만다면 할 수 없다. 어쩌면 이것을 그렇게 놀랍게 여기는 내가 참 놀랍다고(=황당하다고) 여길지도 모르겠다. 그렇지만 이러한 발상을 신기해하고 놀라워하고 경탄하기 시작하면 철학이 재미있어진다. 놀라움! 그것은 우리 안의 젊음과 열려 있음의 증거다. 그리고 철학적 재미의 시작이다.

여러분, 자주 감탄하십시오. "오~ 놀라워라" 하고 말이다.

상상력과 조형적 지식, 그리고 지행합일

"생각은 자유"라는 말이 있다. 또 "생각하기 나름"이라는 말도 있다. 이 말들은 반은 맞고 반은 틀리다. 생각은 내 마음대로 쉽게 움직이는 것이 아니다. 생각은 공간적 속성을 가지고 있지 않기에 마음대로 내게서 떼어놓거나 재배치할 수 없다. 잊으려고 할수록 집요하게 들러붙고 달리 생각하려 할수록 제자리를 맴돈다.

가장 자유로운 생각을 일컬어 '상상'이라 부른다. 그러나 상상도 아주 자유롭지는 않다. 마음이 날개를 달고 하늘을 자유롭게 날면서 여기저기 둘러보는 모습을 떠올리지만 그것은 실제 상상의 행적과 많이 다르다. 그런 일은 수많은 가능성을 탐색하는 실험실에서도, 가장 기발한 소설을 쓰는 작가의 머리에서도 거의 일어나지 않는다. 사실 상상은 무척 수동적이고 조건이 갖춰져야만 반응한다. 그렇지 않은 상상은 오직 지식과 습관이 자리 잡지 않은 어린아이의 머릿속에서나 있을 법한 것인데, 어린아이의 머릿속에서 일어나는 것은 자

나의 작은 철학

유로운 상상이 아니라 자유 이전의 긴장 없는 상상이다. 상상이 능동적이라고, 자유롭다고 생각하는 것은 생각의 중요한 자기기만이자 자기위로다. 상상력은 자유롭다는 생각 자체가 하나의 오래된 상상이다.

'상상은 수동적'이라는 명제를 정식화할 필요는 없다. 그렇지만 모두가 찬양해 마지않는 상상력의 능동성조차 철저하게 수동성에 뿌리내리고 있음은 분명히 해둘 필요가 있다. 상상력의 가장 중요한 토대는 적극적으로 무엇을 탐색하는 것이 아니다. '달리 보이는' 것에 머무는 능력이다. 달리 보이는 것에 머물 수 있어야 '달리 생각하기'가 시작된다. 달리 보이는 것이 나에게 말을 걸고 그 말을 뿌리치기 어려울 때 비로소 나는 달리 생각할 수 있다. 달리 생각하는 것은 나의 마음대로 되는 것이 아니라 다른 것의 곁에서 이루어지는 '사건'이다. 그런 사건이 일어나려면 다른 것의 곁에 머물 수 있어야 한다.

다른 것의 곁에 머무는 수동적 행위조차 마음대로 되는 것이 아니다. 보통은 다른 것이 이미 있어야 하고, 달리 보여야 하며, 나를 압박해야 비로소 나의 주의가 그리로 향한다. 이미 현재의 삶에 균열과 긴장이 생겼을 때, 현재의 지식이 불편함을 줄 때 비로소 다른 생각이 진지하게 다가온다. 인간과 사회에 관한, 예술과 이론에 관한 가장 놀라운 상상력들은 불편함에서 시작되었다. 헤겔의 말마따나, '행복한 시기는 역사의 공백기'인 것은 그런 이유에서다.

상상력이 보통 간주되는 것보다 속속들이 수동적이라면 상상력과 대안적 사고가 자리 잡을 수 있는 곳은 경계나 균열이 일어나는 곳, 자신이 속할 수 없는 곳, 자신이 표준에서 벗어난 상황에 서 있을 경우다. 나는 훌륭한 현대 예술가들 중 '경계에 선 자'가 아닌 경우를 별로 알지 못한다. 상상력을 위해 능동적으로 할 수 있는 일이 있다면, 그것은 자신에게 다른 것들이 말 걸어올 수 있는 접촉면, 다른 것들이 머물 수 있는 빈 공간을 마련하는 것이다. 새로운 생각은 나에게 손님처럼 오는 것이지, 내가 탐사 여행을 통해서 발굴해내는 것이 아니다.

생각에 관해, 상상력에 관해 내가 말한 것이 일리가 있다면 '지행합일知行合一'이라는 말을 이해하는 방식도 좀 달라져야 할 것이다. 내가 생각을 마음대로 주무르는 것이 아니라 생각이 나를 움직인다면, 지행합일은 하나의 사실명제다. 문제가 있다면 오히려 行을 知에 맞추는 것이 아니라, 行이 知의 조종에서 벗어나지 못하는 것이다. 달리 보이는 것에 머무는 능력에서 시작되는, 또 다른 의미의 지행합일을 나는 '조형적 지식'이라고 부르고자 한다. 그것은 나의 사유와 정서 속에서 다른 것이 자리 잡을 수 있게 하고, 다른 것의 언어를 이해하고자 하며, 경우에 따라 그 영향으로 내가 달라질 수 있다는 가능성을 열어놓는 것이다. 지식을 유희적으로 만지작거리거나 정보를 처리하는 것이 아니라 경우에 따라서 지식이 나를 조형하게 하는 것, 지식에 따라 나를 조형하고자 하는 것이 바로 그것이다. 그런 지행합일은 강박관념이 아니라 가장 진지한 상상력이다.

우리에게 토론문화가 낯선 까닭은*

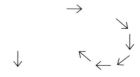

각종 차별, 권위주의, 문화적 획일성, 도덕적 능력 부족……. 많은 사람들이 우리의 토론문화가 약하다고 안타까워한다. 우리에게 어떤 문제가 있는 것일까? 토론은 그저 사람들이 모여서 이야기하는 것과 다르다. 서로 만나 이야기를 나누는 횟수로 보자면 우리가 남보다 뒤질 것이 없다. 우리는 오히려 약간의 고독이 사치가 될 정도로 이야기의 홍수 속에서 살고 있지 않은가. 토론을 통해 어떤 문제를 해결하는 일은 매우 충족시키기 어려운 전제들을 필요로 한다. 그 전제들을 이해해야, 토론문화라는 것이 우리가 공들이고 노력해야만 향상될 수 있음을 납득하게 된다.

이상적인 토론이라면 ①문제에 관련된 사람들이 모두 논의에 참여할 수 있어야 하고 ②참여자의 모든 의견이 자유롭게 제시될 수 있어야 하며 ③논의과정에서 의견의 설득력 외

---

* 《한림학보》, 2002. 11. 02.

나의 작은 철학

에는 어떤 힘이나 권위도 작용해서는 안 되고 ④토론에서 이루어진 합의는 구속력을 가질 수 있어야 하며, 반대로 합의가 되지 않았다면 의견 차이가 존중되어야 한다.

①과 ②는 참여와 개방성의 조건이라고 말할 수 있다. 토론은 원칙적으로 이해 당사자가 모두 참여하여 자신의 견해를 자유롭게 표현하고 다른 사람들은 그것을 경청해야 한다. 아무리 토론에서 만장일치로 합의가 이루어졌다고 하더라도 이해 당사자의 일부가 참여에서 배제되었다면, 또 모두가 참여하였더라도 일부의 목소리가 억눌렸다면 그 합의는 정당성을 가질 수 없다.

③은 논증의 원칙이라고 부를 수 있을 터인데, 이 조건은 토론문화라는 것이 얼마나 까다로운 전제 위에 서 있는지를 잘 보여준다. 제대로 된 토론이라면 논의 과정에서 원칙적으로 의견의 설득력 외에 어떤 권위나 힘도 작용해서는 안 된다. 그런데 이것이 도대체 쉬운 일인가? 의견의 설득력이란 얼마나 자주 물리적 힘, 문화적 권력, 사회적 지위, 성 역할 구별, 연령 차이에 의해 채색되어 버리는가. 또 상황이 긴박할수록 토론의 여지가 줄어든다. 당장 눈앞에 적이 쳐들어온다면, 또는 오직 생존이 문제가 되는 상황이라면 한가하게 토론하고 있을 수 있겠는가? 문화적 획일성도 토론이 자리 잡지 못하게 하는 중요한 요소다. 어떤 상황에서 어떻게 행동해야 할지 이미 뻔히 알려진 경우 우리는 토론하지 않는다. 그러니까 권위주의, 차별, 긴박성, 문화적 획일성은 토론문화의 뿌

리가 성장하지 못하게 하는 요소들이다.

④는 도덕성과 제도의 조건이다. 합의 당사자들은 토론에서 이루어진 합의를 준수할 태세가 되어 있어야 한다. 만일 자신의 이익을 조금 침해한다고 해서 합의사항을 성실하게 이행하지 않는다면 서로에 대한 신뢰는 금세 깨어지고 토론의 의미가 퇴색한다. 상대가 합의된 사항을 준수할 것이라는 기대를 할 수 없다면 누가 진지하게 토론에 임할 것인가. 그런데 이 조건 역시 그렇게 쉽게 충족될 수 있는 것은 아니다. 합의 이후에 예측하지 못했던 상황이 닥치면, 합의사항을 지키는 것보다 어기는 것이 나에게 당장 더 큰 이익이 될 것으로 보이면, 합의를 지키려는 우리의 의지는 쉽게 약해지기 때문이다. 그래서 토론문화를 위해서는 웬만한 이유가 아니고서는 합의사항을 준수하고자 하는 도덕적 의지, 그리고 실제로 그런 의지를 관철시키는 용기가 필요하다.

물론 합의사항의 준수를 서로의 도덕적 의지에만 맡겨두기 어려운 경우도 있다. 특히 내용이 아주 중대하거나 장기적인 영향을 미치는 합의의 경우가 그렇다. 이런 경우들은 합의의 이행을 강제할 수 있는 제도적 장치가 필요하다. 그런 제도적 장치가 있을 때 우리는 설령 상대가 합의를 지키려는 의지가 줄어든 경우에도 합의사항과 달리 행위하지 않을 것이라고 기대할 수 있다. 그러니까 성장 과정에서 합의사항을 준수하려는 도덕적 태도와 용기를 배우는 대신 임기응변을 지혜인 것처럼 배우고, 사회의 제도적 장치가 공정성에 따라서가 아니라 권력자의 자의恣意에 따라 움직일 경우 토론문화는 실질적 효력을 가질 수 없다.

위에서 나는 활성화되고 효력을 갖는 토론의 조건으로서 참여와 개방, 논증의 원칙, 도덕성과 공정한 제도적 장치를 들었다. 사실 이 조건들은 서로 맞물려 있다. 사람들은 보통 토론 과정에서 동등하고 진지하게 참여하지 않은 경우, 합의를 지키려는 생각도 줄어들게 마련이다. 애초에 내가 진심으로 동의한 것이 아니라는 생각은 보통 합의로부터의 이탈을 정당화시켜주는 가장 좋은 이유이다. 제도적 장치 역시 사람들이 그것을 자신들의 삶에 필요한 것으로서 수호하려고 할 때 유지될 수 있는 것이다. 그래서 토론문화를 인위적으로 한꺼번에 만들어낼 수는 없다.

앞서 말한 토론문화의 조건에 비추어 보면, 우리의 토론문화가 약한 이유를 대강 말할 수 있을 것 같다. 그것은 참여와 개방을 제한하는 각종의 차별, 논증의 힘을 무력화하는 권위주의, 토론의 여유와 여지를 좁히는 긴박성과 문화적 획일성, 그리고 합의를 준수하려는 도덕적 능력의 부족, 제도의 공정성 결여와 불안정성이 그것이다.

당장 몇 가지 반론이 예상된다. 위에서 말한 토론문화의 조건은 이상적인 토론문화에 통용되는 것이다. 그런데 그런 이상적인 조건을 다 갖춘 문화나 민족이 어디 있겠는가. 또 설령 이상적인 토론이 가능하더라도 모든 문제를 다 토론으로 해결할 수는 없다. 합의되지 않으면 적절한 타협에 만족할 줄도 알아야 한다. 맞는 말이다. 다만 나는 이런 반론이 '그냥 있는 그대로 살자' 식의 결론으로 가지 않길 희망한다. 비록 느리더라도 토론문화 역시 우리의 노력에 따라 점차 개선될 수 있다.

취미, 상식, 전공기초지식, 그리고 교양*

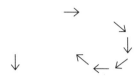

내 생각에 취미, 상식, 전공기초지식, 그리고 교양은 서로 상당히 다르다. 교양을 앞의 세 가지와 같은 것으로 보는 것은 오해에서 기인한다.

　'취미'는 개인의 삶을 윤택하게 하는 것이다. 취미가 없으면 자신에게는 손해이지만, 특별히 남에게 해를 끼치지는 않는다. 그래서 취미가 없다고 해서 나무랄 수는 없다. 또 취미는 스스로 기를 일이지, 적어도 공공성이 강한 교육기관에서 나서서 가르칠 일도 아니다. 더욱이 대학이 학점을 주면서까지 할 일은 아니다.

　'상식'은 시민으로서 마땅히 알아야 하는 것이다. 상식이 없는 자는 일상생활에서 스스로 손해를 볼 뿐 아니라 종종 남에게도 해를 끼친다. 소위 '몰상식한 사람'이 곁에 있으면 여럿이 괴로운 법이다. 그래서 상식이 없는 사람은 비난받을 만

*　《한림학보》, 2003. 12. 01.

하다. 사람들이 상식을 갖추게 하는 것은 사회가 책임질 일에 속하고, 국민들이 평균적으로 받는 교육에 상식은 반드시 포함되어야 한다. 이 역시 대학의 과제와는 거리가 멀다.

'전공기초지식'은 전공으로 들어가기 전에 갖춰야 할 예비지식이다. 원칙적으로 하나의 전공을 시작하는 학생은 수업에 필요한 예비지식을 갖추어야 한다. 그래서 학생 선발 과정이 있는 것이다. 만약 수업에 참여하는 학생이 전공에 필요한 예비지식을 갖추지 못했다면, 보충해주어야 한다. 만일 전공기초지식을 갖추지 못한 학생들을 다수 받아들이는 것이 현실이라면, 그런 지식을 가르치는 것 또한 대학의 당연한 임무에 들어간다. 그러나 그것은 교양이 아니다. 보충학습이나 튜터 제도 등을 통해서 해결할 일이다. 전공 이전 단계에 하는 것을 교양으로 보는 것이야말로 교양에 대한 지독한 오해다. 왜 그런가?

'교양'은 지성인으로서 갖추어야 할 지식과 태도다. 서구에서 '교양시민'이라는 말이 처음 사용되었을 때, 거기에는 정치혁명, 문화혁명을 성취해냈던 시민계층의 엄청난 자부심이 배어 있다. 교양은 그들에게 사회의 중심적 세력임을 자각하는 사람들로서 마땅히 알아야 할 것이었다. 교양시민 계층에게는 과거 종교가 차지했던 자리를 교양이 대신한 것 같다고 해서, 오죽하면 훗날 '교양종교'라는 말까지 나왔겠는가.

교양은 전공 이전에 끝내는 공부도 아니고 전공보다 수준이 낮은 것도 아니다. 전문가라고 해서 교양이 많은 것도 아니다. 우리의 판단과 행위는 전공 내에서만 머물 수 없고 어쩔 수 없이 삶의 맥락에 편입되는데, 그때 균형 잡힌 판단을 할 수 있도록 도와주는 것이 바로 교양이다. '바보 전문가'가 되지 않도록 말이다. 그러기 위해서는 다양한 사고와 판단의 유형, 자국의 문화와 타문화의 특성과 역사, 현재의 사회갈등의 유형, 미래의 비전에 대한 제반 논의들을 접해야만 한다.

교양을 가르치는 것은 참으로 어려운 일이다. 대부분은 전공자가 아닌 사람에게 어떤 분야의 진수를 맛보게 해야 한다. 그게 어디 보통 학자가 쉽게 할 수 있는 일인가? 그래서인지 교양의 이념이 깊게 자리 잡은 독일과 프랑스의 경우, 교양을 강의하는 학자가 곧 대가라는 등식이 성립하는가 보다.

이쯤 되면 '역시 전공 이기주의가 모습을 드러낸다'고 핀잔할지 모르겠다. 내가 철학 전공자이니 말이다. 그렇지만 나는 자연과학이나 공학도 교양이 될 수 있다고 생각한다. 자연과학적 사고, 각 분과 학문에서의 작업을 지성인이라면 마땅히 알아야 할 지식으로 만들어 전달할 경우, 그것은 교양이라 말할 수 있다.

시대를 따라잡지 못하는 것인지 모르겠지만, 나는 취미와 상식에 속하는 것들이 상당수 교양과목으로 자리 잡고 있는 현실을, 자연과학자와 공학자들이 교수회의에서 전공기초 과목을 교양과목으로 지켜야 한다고 한 목소리로 주장했다는 이야기를 그저 무심하게 넘길 수가 없다.

철학은 무엇을 위해 있는가?
‒ 내가 칸트와 마르크스를 좋아하는 이유

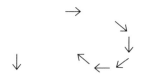

'철학의 소임은 무엇인가?' 자신의 일거리가 무엇인지를 묻다니, 정말 철학은 희한한 학문이다. 자기가 무엇을 해야 할지 몰라 심각하게 고민하는 학문이 또 있던가? 철학의 소임이 무엇인지 따지는 것은 철학적 물음인가, 아닌가?

철학의 이런 물음은 그리 오래되지 않았다. 직접적으로는 대학에서 학문과 학과로 살아남기 위한 고민에서 시작된 것이다. 학생을 받고 학위를 주려면, 철학 전공자가 무엇을 배우는지 분명히 해야 하는데, 그게 쉽지 않다. 과학의 눈부신 성과 이래, 그리고 더 심각하게는 역사학과 심리학의 발달 이후, 철학은 독자적 영역을 확보하기가 어려워졌다. 자연뿐만 아니라 영혼과 과거를 모두 다른 학문에 내준 철학은 이제 무엇을 갖고 있단 말인가?

소위 대학에서 살아남을 수 있는 철학의 모습을 참신하게 구상한 게 영미의 분석철학 쪽이었다. 이른바 '2차학문' 아이디어다. 직접 대상을 다루는 것이 아니라 대상을 다루는 학문

자체를 대상으로 삼는다는, 즉 과학적 설명의 구조를 밝힌다는 것이다. 분석철학이 가져온 성과는 굉장하다. 우리가 지식이라고 여기는 것들이 어떤 성격을 가진 것인지, 지식과 지식아닌 것의 경계가 정확히 어디인지 따지는 것은 호락호락한 문제도, 별 쓸모없는 한가한 사유 놀이도 아니다. 지식과 지식 아닌 것이 뒤섞여 혼란을 주는 세상에서 지식의 성격에 대한 성찰 없이 헤맨다는 것은 맞는 단어와 틀린 단어가 뒤섞인 사전을 찾는 것과 비슷하다.

　다른 분야의 사람들은 분석철학이 무척 '답답하다'고 느낀다. 구체적인 대상을 다루지도 않고 삶의 생생한 관심과도 연결되지 않는 철학은 누가 봐도 너무 창백하든가 별 쓸모없어 보이기 때문이다. 세상에 문제는 많고 대답은 부족한데, 기껏해야 과학자들 옆에서 그들이 하는 학문의 설명 구조나 따지고 있으니 말이다. 철학은 무기가 되어 이 세상에 어떤 효과를 산출해야 하는 것 아닌가? 이 논쟁을 여기서 길게 이야기하지는 않겠다. 이 논쟁을 언급한 것은 그저 사람들이 나에게 어떤 철학자를 좋아하냐고 물으면 내가 왜 칸트Immanuel Kant와 마르크스Karl Marx를 대는지 짤막하게 이야기하기 위해서다.

　나는 방금 언급한 철학의 두 경향을 모두 '비판'이라고 이름 짓는다. 하나는 '지식비판'이고 다른 한쪽은 '사회비판'이다. 나는 이 두 가지 비판 '사이'에서 어정쩡하게 있으면서 내 방향을 모색하고 있다. 행하지 못하고 있더라도 하고 싶은 것을 말하라면 이렇다. 나는 한편으로 지식비판을 삶에 중요한 효과를 내는 범위까지 확대하고, 다른 한편으로 사회비판을 통해서 지식비판의 단서를 찾았으면 한다.

이런 '소망'을 지닌 내게 칸트와 마르크스는 '영웅'이다. 두 사람의 주요 저서가 모두 '비판'이란 말을 포함하는데(칸트의 3대 주저는 모두 제목에 '비판'을 포함하고, 마르크스 《자본론》의 부제 역시 '정치경제학 비판'이다), 나에게 칸트는 삶에 영향을 미치는 지식비판의 전형이고 마르크스는 사회비판을 지식비판으로 집약시킨 특출한 사례다.

칸트는 《순수이성비판》의 후반부에서 소위 '초월(론)적 가상'을 비판하고 있다. 나는 이 부분을 철학적 사고의 가장 모범적 사례의 하나라고 생각한다. 초월적 가상이란 황당한 착각이 아니라 우리가 거의 불가피하게 빠져드는 가상이다. 원인과 결과의 연관 전체, 최초 원인으로서 신의 존재, 영혼 불멸성에 대한 믿음 같은 것들이 그것이다. 칸트는 그러한 가상이 단순한 부주의에서가 아니라 우리 사유 자체의 성격에서 비롯된다는 것을 보여주었다. 진리를 알아내는 사유가 스스로 중대한 미혹의 원인이기도 한 것이다. 사유에 대해 사유하는 것, '그래서' 거의 "불가피한 가상"을 방지하는 것은 단순한 지적 놀음이 아니다. 불가피한 가상이 우리 삶에서 지대한 영향을 미치는 것이라면, 그런 가상을 비판하는 것 역시 우리 삶에 큰 효력을 갖는다. 다른 사람들도 그랬겠지만, 철학 공부 초기에 나는 칸트가 유신론과 무신론 중 어느 편에도 서지

나의 작은 철학

않고 유신론과 무신론 모두 합당하게 논증될 수 없음을 논증하는 대목을 읽고 정말 철학의 재미를 느꼈다. 나 자신은 무신론이 맞다고 생각하지만 그 논증의 방식이 주는 매력은 대단한 것이었다. 사유를 통해 자유로워질 수 있는 느낌이었다.

마르크스의 《자본론》은 학창 시절 일본어 번역과 독일어 본을 복사해 숨어서 보던 책이다. 당시 양면 복사가 안 되어 단면 복사해 접어서 제본한, 두께가 큰 베개만 한 책을 보물처럼 간직했던 기억이 난다. 내용에 익숙한 사람의 설명도 듣지 못한 채 서둘러 몇 곳만 보고 말았는데, 유학가서 보니 《자본론》이 중고서점마다 헌 책으로 널려 있었고 책값도 요즘 돈으로 한 권에 2,500원 정도밖에 안 하는 걸 보고 느낀 허탈감이란⋯⋯.

나는 마르크스의 매력에서 아직 벗어나지 못하고 있다. 더 정확히는, 내가 조심스러운 태도를 가졌다고 자부함에도 점점 더 끌려 들어가고 있다. 이젠 손에 화상을 입더라도 잡지 않을 수 없는 대상이 되었다. 무엇이 그렇게 매력적인가? 《자본론》의 재미는 마르크스의 이중주를 즐길 때 거역할 수 없게 된다. 그는 한편에서 자본주의를 비판하면서 다른 한편에서 '정치경제학', 즉 당시 경제와 사회에 관해 가장 객관적인 과학임을 자부하는 학문을 비판한다. 두 가지 비판이 정말 절묘하게 조율되어 있다. 자본주의 사회비판은 정치경제학이 중립적인 학문이 아니라 특정한 이데올로기에 경도된 것임을 알게 하고, 반대로 정치경제학 비판은 왜 자본주의의 실상이 제대로 인식되기 어려운 것인지를 비로소 깨닫게 해준다. 마르크스의 이론이 부분적으로 틀렸다고 하지만—왜 틀렸는지 잘 모르면서 아무튼 중요한 부분에서 틀렸다고 믿는 사람들이 왜 그리 많은 것일까?—나에게 마르크스는 여전히 활력 있는 사고의 보고다. 그가 모범을 보인 비판의 방식은 자본주의 비판만이 아니라 여성주의철학이나 환경철학에도 응용 가능할 것으로 보인다.

칸트는 정직과 정확성이 인간을 자유롭게 할 수 있고, 마르크스는 우리가 인간으로서 자유로울 때 비로소 사물을 정확히 인식할 수 있음을 보여준다. 정확하고 정의로워서 두 사람을 좋아한다는 것, 이것이 내 취향에 대한 변명이다.

sfewing
-Socialism-Feminism-Ecology-Wing

나는 근현대사회에서 중요한 사회비판의 유형들이, 번영의 토대인 빈곤, 위엄을 유지시키는 굴종, 풍요의 기반인 무책임을 문제시하는 데서 비롯되었다고 생각한다. 사회 일부(부르주아 계급)의 번영이 얼마나 임금노동자들에 대한 착취와 그들의 고난에 바탕한 것인지를 실감한 사람들은 노동자의 해방이 세상을 바꿀 것이라고 생각할 수밖에 없다. 그들은 사회주의자가 되지 않을 수 없었다. 또 남성들이 위엄과 자존심을 지키고 사는 사회가 얼마나 여성들의 굴종에 바탕한 것인지를 실감하는 사람들은 여성이 남성과 동등한 권리를 누리고 남성만큼 선택적이 될 때 세상이 바뀔 것이라고 믿지 않을 수 없다. 그들은 여권주의자가 되지 않을 수 없었다. 그리고 오늘날 산업사회의 물질적 풍요가 얼마나 자연에 대한 무책임한 남획(종 다양성 감소, 부존자원 고갈, 오염증가 등)에 의존하는가를 아는 사람들은 생태계 문제를 해결하기 위해서 세계가 달라져야 한다고 판단하지 않을 수 없다. 그들은 생태주의

자 또는 최소한 환경주의자가 되지 않을 수 없다.

　나는 사회 일부의 번영 독점, 남성의 특권적 위치, 산업사회의 무책임성을 문제삼는 의식이 현대사회에서도 여전히 가장 중요한 비판의 원천이라고 생각한다. 고난과 굴종의 위치에 선 자, 자연의 훼손에 의해 삶의 존립 기반을 빼앗긴 자는 자신의 위치에 의해 비판적 잠재력을 형성한다. 때로 그들은 답답하리만치 자신들의 이익과 반대되는 방식으로 행동하기도 하지만, 그들이 스스로 상황을 문제삼기 시작할 때 세상의 근본적인 변화가 시작된다.

　비판적 이론가란 스스로의 경험을 바탕으로, 또는 빈곤과 굴종에 선 자들과의 연대의식을 바탕으로, 또는 자연을 책임의 영역으로 여겨야 하는 경험을 바탕으로 이 세계에 대해, 그리고 이 세계를 정상화하거나 최종화하려는 입장들에 대해 거리를 취하는 데서 출발한다. 비판적 사유란 세계에 비판적 거리를 '만드는' 것이 아니다. 오히려 '이미 있는' 비판적 거리에 자신을 접속함으로써 성립한다. 이론가의 과제는 저 거리를 정당화의 물음에 연결시켜, 그 거리를 해소하는 것이다.

　타인의 복지를 향상시키며 자연의 남획을 방지할 수 있다면, 자신의 풍요와 특권적 위치를 (최소한 어느 정도라도) 제한할 수도 있다고 생각하는 사람만이 비판적 사유자가 될 수 있다. 비판적 이론가는 컨설턴트가 아니다.

고대와 연대

이론은 서양어법으로 하자면 관찰이다. 그러나 호기심 없는 관찰은 재미없다. 호기심, '고대苦待'는 관찰의 방해물이 아니다. 고대 없는 시선은 얻는 것도 없다. 고대와 아쉬움 없이 어찌 뒤집어보고 돌려보고 다시 살펴보겠는가? 냉정한 관찰이란 기대를 곧 사실로 여기지 말라는 것이지, 기대를 갖지 말거나 숨기라는 말은 아니다.

우리 '고대' 철학자가 되자.

논증이 곧 힘이라는, 널리 퍼진 철학자들의 견해도 수정될 필요가 있다. 백화점이나 큰 서점에선 진열대 차지를 위한 싸움이 치열하다고 한다. 눈에 띄는 자리에, 그것도 동종의 것을 여럿 두어서 사람들의 이목을 끌자는 전략이다. 철학도 논증을 위한 노력과 함께 장소를 위한 싸움도 해야 한다. 비슷한 생각을 하는 사람들이 자꾸 비슷한 말을 해서 우선 그말이 귀에 익게 만들어야 한다. 머리 쓰는 것 말고 손잡는 것도 하자. 논증 말고 '연대連帶'도 해야 한다.

우리 '연대' 철학자가 되자.

'이대'로 되었다고 생각하지 말자.

즐거움 되찾기

철학이 할 만하다는 것을 보여주는 가장 설득력 있는 방법이 무엇일까? 나는 어떤 즐거움, 아주 고급스러운 즐거움을 보여주는 것이라고 생각한다. 일반적인 기준으로 봤을 때 많은 것을 가지지 않았음에도 이상하게 남보다 더 즐겁게 사는 것처럼 보이는 것, 그것처럼 철학에 대해 호기심을 불러일으키는 것은 없다. 성철 스님이 준 감동의 정체도 그런 즐거움에 있는 것 아니었을까? 그가 고행 끝에 이시러진 얼굴을 보였다면 모두가 그의 가르침으로부터 도망치려 하지 않았을까? 믿기지 않는 고행을 하고도 해맑게 웃는 표정 때문에 세속의 삶들이 그 앞에서 자신의 누추함을 돌아보았던 게 아닐까?

외치고, 비판하고, 투쟁하더라도 바탕에는 즐거움을 느낄 줄 알아야 한다고 생각한다. 지금 인문학자들이 위기를 얘기하는데, 도와달라고 아우성치기보다 우리의 즐거움을 방해하지 말라고 할 자신이 있다면, 인문학의 아우라가 훨씬 커질 것 같다. 도와달라고 외치는 녀석은 아무래도 성가실 따름인데, 자신의 즐거움을 방해하지 말라고 하는 친구는 만만치 않아 보인다. 인문학의 위기를 극복하기 위한 준비는 표정 관리로부터 시작하는 것이다.

우리 실실 웃고 다니자!

나의 작은 철학

기억, 서사, 역사*

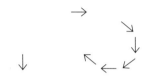

1. 기억과 역사

역사란 무엇인가? 이 물음에 답하기 위해 '기억'으로부터 접근하는 것은 매우 그럴듯하다. 역사가 과거의 사건들에 대한 서술이고, 과거의 사건들은 기억으로만 남아 있기 때문이다. 기억의 기능은 두 가지로 나누어 생각할 수 있다. 하나는 삶의 노하우의 집적이라는 점이다. 내용적으로 확정된 프로그램을 적게 가지고 태어나는 인간은 시행착오를 거쳐 습득한 노하우들을 기억으로 보존해서 사용한다. 기록 수단이 없었던 시대에 사회적 기억은 전적으로 개인적 기억력에 의지했으나, 기록 수단의 발달로 개인적 기억력의 중요성은 감퇴했다. 하지만 수단이 달라졌을 뿐, 기억의 중요성은 전혀 감소되지 않았고 감소될 수도 없다.

*   국립춘천박물관 강연 원고, 2016. 4. 30.

기억의 또 다른 기능은 정체성 형성이다. 개인의 정체성도 집단의 정체성도 핵심적으로는 스스로를 어떻게 기억하느냐의 문제다. 유토피아적 기획을 통해 정체성을 형성하는 경우도 있긴 하나, 이 역시 사실상 기억에 의존하고 있다. 개인사에서 기억의 통합성은 인격의 통합성과 직결된다. 개인의 경우, 기억의 통합성은 신체적 동일성과 경험의 연속성 덕분에 비교적 자연스럽게 이루어진다고 할 수 있다. 그런데 집단의 경우는 그렇지 않다. 이해관계가 다를 수 있고 심지어 구체적 접촉이 없는 구성원들 사이에 어떻게 공통의 기억이 형성될 수 있을까? 얼핏 공통의 기억이 성립하는 것은 매우 개연성이 떨어지는 일로 보이는데, 다른 한편 집단의 유지를 위해선 필수 불가결한 것으로 보인다. 공통의 기억 없이는 집단의 응집성이 성립하기 어렵기 때문이다. 성립하기 어렵다는 사실과 반드시 있어야 한다는 사실, 이 둘 사이의 간극을 메우는 것이 역사 서술의 주요 기능은 아니었을까? 그런 공통의 기억은 단순히 발견되는 것이 아니라 부분적으로 창조되어야 했을 것이다.

삶의 노하우의 집적으로서도, 정체성의 기반으로서도, 기억은 매우 선택적일 수밖에 없다. 여기서 선택성은 단지 저장 능력의 제한성 때문에 불가피한 것이 아니다. 기억은 중요한 것과 중요하지 않은 사건들을 구별하고, 중요한 것들은 반복을 통해 보존함으로써 성립한다. 그러니까 기억에서 중요한 것은 저장(만)이 아니라 저장할 것을 선택하는 것이다. 이런 점에서 기억은 망각의 대립 개념이 아니다. 기억은 망각으로 사라져 가는 것을 붙잡아 살려내는 것이 아니라, 중요치 않은 것들을 버리고서 남긴 것이다. 좀 과장해서 말하자면 기억은 망각의 반대가 아니라 (적극적) 망각의 결과다.

기억은 또한 관리된다. 한 번 성립된 기억은 수장고에 저장해두는 것이 아니라 새로운 상황들 속에서 중요성, 타당성, 일관성, 실용성 등이 검사된다. 이런 관리 노력 전체를 '조직화'라고 표현해보자. 그러면 개인사는 개인의 조직화된 기억이고 어떤 집단의 역사는 그 집단의 조직화된 기억이라고 할 수 있다.

2. 서사와 역사

20세기 초중반에 역사학의 학문성에 대한 논쟁이 뜨거웠던 적이 있다. 가설을 세우고 경험적 방식으로 검증 내지 반증하는 과학 모델을 기준으로 했을 때, 역사적 설명이 학문적 설명이라고 할 수 있느냐는 것이었다. 가령 헴펠Carl G. Hempel은 역사적 설명을 '설명 스케치explanation-sketches'에 불과할 뿐이라고 비판했다. 이런 비판에 대한 역사(철)학 쪽에서의 대응은 곤경을 미덕으로 만드는 것이었다. 역사적 설명에서는 일반 법칙이 아니라 개별 사건에 대한 기술이, 사건들 사이의 인과관계에 대한 설명이 아니라 행위의 '이유'를 밝히는 것이 관건이라는 이야기 등이 그런 것이었다. 이런 대응들에 이어 나온 것이 서사 이론을 수용하여 역사적 설명의 성격을 밝히는 것이있다.

역사를 집단기억의 조직화로 보면, 사실 이것은 당연한 귀결이었다. 기억은 일차적으로 서사 형식으로 표현되기 때문이다. 그런데 이 점을 좀 더 급진적으로 이해해야 할 필요가 있다. 서사적으로 서술한다는 것은 남겨진 사실들 사이의 간격이 너무 크고 또 의지할 수 있는 일반 법칙도 없어서 역사가가 듬성듬성 있는 사실들 사이를 자신의 이야기 솜씨로 엮어내야 한다는 정도의 의미가 아니다. 오히려 역사가가 이야기의 플롯을 짜고, 그 플롯에 따라 사실들을 선택한다는 것이다.

역사가가 플롯을 짠다고 해서, 역사가의 작업이 역사 드라마를 쓰는 것과 같다는 이야기는 아니다. 역사가는 사실들에 충실해야 하고 가급적 사실들이 스스로 연관성을 드러내는 것처럼 서술해야 한다. 하지만 서사적 서술을 피할 수 없는 한, 서사의 기본 유형들 가운데 어떤 것을 따를 수밖에 없다. 그리고 서사의 기본 유형들이 하나로 합쳐질 수도 없고 어느 것이 더 나은 것이라고도 할 수 없는 한, 역사가가 선택한 서사 유형이 역사 서술에 영향을 미칠 수밖에 없다. 그러니까 사실들에 대한 분석과 설명이 시작되기 전에 이미 언어를 통해 서술한다는 사실 자체에 의해서, 역사 서술이 영향을 받는다. "즉, 우리의 사유는 언어 사용 자체에 의해서 설명 패러다임의 가능한 선택지들을 제공받는 것이다."

　이 말을 한 헤이든 화이트Hayden White는 서사 유형을 네 가지 비유법으로 정리하고, 그에 따라 역사 서술 방식이 달라진다는 것을 19세기의 대표적인 역사가들과 역사철학자들의 작업을 통해 예시한다. 가령 환유법적 스타일은 기계론적, 법칙주의적 역사 서술을 선호하고, 제유법적 스타일은 유기체적 역사 서술을 선호한다는 것이다. 그러니까 그에 의하면 과학적 역사 서술을 꾀하는 것조차도 하나의 서사 스타일에 영향을 받은 것이다. 화이트는 역사 서술의 스타일들을 다음의 표로 정리하는데, 꽤 난해한 내용이지만 매우 흥미롭다.

플롯 양식	논증 양식	이데올로기 양식
낭만적	형상주의적	아니키즘
비극적	기계론적	급진주의
희극적	유기체주의적	보수주의
풍자적	맥락주의적	자유주의

　사실 역사 서술이 역사가의 서사 스타일의 영향에서 벗어날 수 없음을 아주 쉬운 언어로 보여준 것은 니체다. 니체는 역사 서술을 기념비적 역사, 골동품적 역사, 비판적 역사로 나누었다. 기념비적 역사는 과거의 사실들 중에서 기념할 만한 것들을 골라내 서술하는 것을 말한다. 이런 역사 서술

은 스스로도 무엇인가 위대한 것을 이루고자 하는 활동적이고 진취적인 주체들이 선호하는 경향이 있는데, 자칫 잘못하면 위대한 것은 과거에 다 행해졌다는 아류 의식으로 전락할 수도 있다. 골동품적 역사는 가능한 한 과거의 것을 보존하고 소중히 여기려는 식의 역사서술을 말한다. 이런 역사 서술은 과거와 현재의 연속성, 사실들의 연관성에 충실하다는 장점을 갖지만, 과거에 매몰되어 새로운 것을 창조하려는 생명력이 떨어진다는 약점도 함께 갖는다. 비판적 역사 서술은 과거와의 연속성을 적절히 보존하면서도 또한 스스로를 과거로부터 해방시키고자 하는 경향의 역사 서술이다. 가령 앞으로 나아가는 것을 불가능하게 하는 기억 같은 것을 적절히 정리하는 것이다.

그러니까 니체의 관점에서 보면 중립적이고 객관적인 역사 서술이란 없다. 보통 이상적인 역사 서술로 여겨지는 것, 즉 역사를 유의미한 전체로 파악하고 그 전체를 관통하는 원리나 법칙을 찾아내는 방식의 역사 서술도 이미 하나의 관점에 의해 인도된 역사 서술 방식이다. 좀 역설적으로 말하자면, 객관적 역사 서술을 지향하는 것 자체가 하나의 주관적 선택이다.

나의 작은 철학

3. 사실과 해석

역사 서술을 일종의 서사로 보면, 고전적인 역사이론 논쟁인 사실과 해석의 관계 문제도 훨씬 더 급진적으로 파악되어야 한다. 사실들은 딱딱한 실체로 주어져 있고 역사가들이 그것을 둘러싸고 나름대로 해석하는 식이 아니다. 오히려 역사가가 자신의 해석에 맞춰 사실들을 선별하고 배치한다. 이것을 카Edward H. Carr는 역사란 "논쟁의 여지가 많은 사실이라는 과육에 둘러싸인, 해석이라는 딱딱한 알맹이"라고 표현했다. 또 "흔히 사실은 스스로가 말을 한다고 한다. 이것은 진실이 아니다. 사실은 역사가가 허락할 때만 말을 한다"고도 했다. 더 과감하게는 "과거에 대한 모든 기술은 과거에 대해서 얘기하는 사람들의 발명품"이라고 말한 경우도 있다.

그렇다고 사실의 무게가 작용하지 않는다는 것은 아니다. 사실들이 역사 서술에서 행사하는 힘은 하나의 문장에서 단어들의 역할에 비교할 수 있을 것이다. 단어들의 결합 방식이 하나로 규정되어 있지는 않지만, 그렇다고 단어들이 전적으로 임의대로 결합될 수도 없다.

4. 사실과 비사실, 그리고 대항 서사
— 코르넬리아를 위하여

기억이 망각에 반해서가 아니라 망각을 통해서 성립하듯이, 서사는 항상 무엇을 말하면서 동시에 어떤 것인가를 말하지 않는다. 한꺼번에 모든 것을 말할 수 없다는 물리적인 이유 말고도 중요성에 밀려서 말해지지 않는 것이 있고, 무엇인가를 말하는 것이 사실상 다른 어떤 것을 말하지 않기 위한 것인 경우도 있다. 역사 서술을 하나의 서사로 보면 얻을 수 있는 중요한 통찰 가운데 하나가 말해지지 않은 것에도 주목해야 한다는 것이다. 또 사실인데 이야기되지 않은 것에 더하여, 사실일 수 있었던 것, 가능했던 것에 대해서도 이야기할 수 있을 것이다.

코르넬리아Cornelia Schlosser는 괴테의 15개월 어린 여동생이다. 여러 정황으로 봤을 때 괴테 못지않게 문학적 자질이 출중했던 것으로 짐작되지만 정규 교육을 받을 수도, 작가가 될 수도 없어서 자신의 재능을 펼칠 수 없었던 것으로 보인다. 코르넬리아와 관련하여 사실로 남은 것은 아기 둘을 낳고 만 26세에 요절했다는 것이다. 괴테는 바이마르 공국의 재상까지 지냈고 대문호로 83세까지 살았다. 그렇다면 역사 서술이 이런 사실의 확인에 한정되어야 하는가? 실현되지 못한 코르넬리아의 가능성을 염두에 두면서, 적어도 코르넬리아에게 저런 사실밖에 남지 않게 한 사회적 여건을 재기술할 수 있지 않은가?

　역사철학에서 희생자의 기억, 희생자의 역사에 주목한 이
는 발터 벤야민Walter Benjamin이다. 그는 역사를 동질적, 연속
적, 진보적 과정으로 보는 관점에 반대하고 "결을 거슬러" 읽
으라고 주문한다. 그리고 또 승자의 입장에서 역사를 보는 것
에 반대한다. 억압받은 자의 관점에서 보면 오히려 역사는
'폐허 더미'다.

5. 기억과 기대

기억은 항상 기대와 맞물려 있다. 기억은 기대 지평을 구조화
하고, 반대로 기대는 기억의 편성을 지휘한다. 좀 더 구체적
으로 말하자면, 기억은 구체적인 선택지를 결정하는 방식이
아니라 가능성의 영역을 구획하는 식으로 미래를 규정한다.
이는 하나의 문장이 후속 문장을 결정하는 게 아니라 이어질
수 있는 문장들의 범위를 제한하는 것에 비교될 수 있다. 가
능성의 범위는 유동적이다. 심지어 과거의 선택과 정반대의
선택도 과거에 의해 규제되는 가능성 가운데 하나라고 할 수
있다. 이렇게 미래에 대한 과거의 구속력이 느슨하다고 해서
역사가 무용하다는 것은 물론 아니다. 미래의 가능성들이 어
차피 정해져 있고 역사는 참조해도 그만, 참조하지 않아도 그
만인 것이 아니다. 역사적 인식이 가능성의 범위를 달라지게

하기 때문이다.

기대가 기억의 편성을 어떻게 지휘하는지는 앞서 언급한 니체의 역사 서술 분류가 잘 보여주고 있다. 미래의 전망에 따라 주목되는 역사적 사실들이 달라진다. 심지어 어떤 사건들은 달라진 기대 때문에 비로소 역사적 사실의 지위를 얻게 되기도 한다. 그래서 겉보기에는 과거가 미래를 결정하는 것처럼 보이지만, 사실상 미래는 (좀 과장해서 말하자면) 자기를 결정할 과거를 결정한다고 말할 수 있다. "역사는 과거와 현재의 끊임없는 대화"라는 카의 말은 기억과 기대의 이런 복잡한 관계를 압축적으로 표현한 것이라고 할 수 있다.

6. 상대주의는 불가피한 결론인가?

서사적 성격과 해석적 측면을 강조하면, 분명 역사 서술의 객관성을 강하게 말하기는 어려워진다. 그렇다고 역사 서술이 전적으로 상대적이라는 말은 아니다. 우선 역사학이 분과 학문으로 성립되어 있는 한, 학문적 설득력을 갖춰야 한다는 조건에서 자유로울 수 없다. 비록 설득력을 주장할 수 있는 진폭이 크긴 하지만, 타당한 것으로 입증된 지식들과 연결될 수 있어야 한다. 그 자체로 흔들리는 그물 침대라 하더라도 단단한 곳에 고정되어 있어야 하는 것에 비교할 수 있다. 다음으로 역사적 지식은, 좀 역설적으로 들리지만, 자신의 상대성을 인정함으로써 상대성(의 위험)을 줄일 수 있다. 말하자면 역사적 지식의 상대성을 성찰 차원에서의 객관성으로 보완하는 것이다. 사실 위험한 것은 상대적 지식 자체가 아니라 자신의 상대성을 자각하지 못하는 지식이다.

덕

개성에 관하여

개성은 한 사람의 독특성이다. 독특성은 뛰어남과 다르다. 노래 잘하고 공부 잘하는 것이 개성은 아니다. 잘하는 노래는 아니지만 그 사람만의 독특한 스타일, 심지어 그 사람 식으로 언제나 틀리는 것도 개성일 수 있다. 자신이 뛰어나지 않아서 개성이 없다고 생각한다면, 그것은 괜한 자격지심이다.

　개성을 가지려면 남들이 (거의) 다 하는 것 중에 안 하는 것이 있어야 한다. 남들 하는 건 다 따라하면서 개성을 가질 수는 없다. 그렇다고 남들이 하는 것을 안 하는 것만으로는 개성이 성립되지 않는다. 모자람이 개성은 아니기 때문이다. 개성을 가지려면 남들이 안 하는 것 중에 한 가지를 할 용기가 있어야 한다. 남들이 (거의) 다 하는 것 중에 안 하는 것이 있고, 남들이 안 하는 것 중에 한 가지를 한다는 것은 무엇을 의미할까? 바로 집중이다. 자신이 좋아하는 것에의 집중, 그것이 개성을 만드는 가장 중요한 원천이다.

　개성은 독특성이라지만 그냥 튀는 특성만으로 개성이 되

지는 않는다. 독특성은 존중받을 만한 어떤 삶의 방식을 보여주어야만 개성이 된다. 그래서 그가 세상을 읽고 남을 대하는 마음을 표시하는 표정이나 어법, 그가 좋아하는 삶의 방식을 보여주는 옷 입기 방식은 개성의 표현일 수 있어도 신장이나 몸무게는 개성의 표시일 수 없다. 자기가 정열을 쏟아 좋아하고 남에게 존중해주길 요구할 만한 삶의 방식이 문득문득 드러날 때 사람들은 그의 개성을 알아채는 것이다.

다시 한번, 개성은 능력의 문제가 아니다. 정열과 사랑, 용기의 문제다.

성숙함에 관하여

성숙함이란 무엇인가? 나는 우선 성숙함의 의미에 대해 비교적 논란의 여지가 없는 말부터 하고자 한다. 내가 주로 말하려는 것은 이 글의 후반부에 있는데, 그것은 성숙의 실존적 의미다.

　성숙함의 가장 기본적인 의미는 사회성원으로서 적절히 판단하고 처신할 능력을 갖추었다는 것이다. 이때 적절한 판단 능력이란 종합적인 것이다. 그러니까 시험 답안을 잘 맞추는 능력이 성숙함을 표현하는 것은 아니다. 우리가 기말고사를 통해서 성숙되지는 않는 것이다. 성숙함에서 문제되는 판단이란, 보통 말하는 '사리판단'이다. 사리판단이란 삶의 맥락에서 적합한 대응 방식을 찾는 능력이다. 이를 위해서는 두 가지가 필요하다. 하나는 충분히 포괄적이고 반성적인 사고를 하는 것, 행위와 사건들의 연관과 의미를 충분히 고려해 나의 행위를 조정해가는 것이다. 맥락을 보지 못하고 눈앞의 것에 급급하여 행동하거나 순간적인 감정에 따라 반응하는 것은 스스로 미성숙하다는 것을 나타내는 표시다.

성숙하기 위해 필요한 다른 한 가지는 자신의 삶을 지탱하는 타인의 노고를 인정하고 타인을 위해 자신의 몫을 부담하고자 하는 태도다. 더 잘해주지 않는다고 떼만 쓰고 불평만 하던 자식이 어느 날 부모나 다른 사람의 노고에 아득한 마음이 일어 자신은 남을 위해 무엇을 했던가 반성하는 마음이 들 때, 그 친구는 성숙한 것이다. 사회학적 용어로 말하면, 사회적 협동 없이는 사람이 살 수 없음을 인식하고, 사회적 협동으로부터 이익만 취하고자 하는 것이 아니라 사회적 협동을 유지하기 위하여 자발적으로 부담을 지는 것이다. 그런 깨달음은 사회적 삶을 통해서만 얻어질 수 있다. 그래서 타고난 천재는 있어도 날 때부터 성숙한 인간은 없다.

이제 성숙의 실존적 의미를 말하고자 한다. 우리의 삶에서 우연성과 유한성은 제거될 수 없다. 그래서 우리 삶에서 불안은 불가피한 것이다. 문제는 제거될 수 없는 우연성과 유한성에 어떻게 대처하느냐 하는 것이다. 미성숙의 한 표시는 우연성과 유한성을 외면하고 부정하는 것이다. 반박이 예상되긴 하지만, 우연성과 유한성 너머에 있는 완전한 것을 찾는 것도 미성숙의 표현이라고 생각한다. 이 세상에 없는 사랑, 영원한 삶에 대한 동경도, 부분적으로는 미성숙의 표현이다. 내가 삶에서 만난 사람들을 사랑하고, 그러면서도 그것이 맹목적으로 그저 내 친구, 내 애인, 내 부모이기 때문이 아니라 삶의 수고로움과 타인에 대한 고마움, 그리고 타인의 매력을 읽어냈기 때문이라면, 그것이 성숙함의 표시다. 사막에서의 물 한 잔이 아니더라도, 친구가 그저 덤덤하게 건네준 음료나 나에게 보인 따뜻한 미소를 고맙게 생각할 수 있는 것이 바로 성숙한 태도인 것이다. 그렇다고 성숙함이 수동적이고 주어진 여건에 적응한다는 의미는 아니다. 우연성과 유한성을 삶의 요소로써 직시하고, 그 바탕에서 가능성을 숙고하고 행위하는 것이다. 매력은 사랑받을 수 있는 능력이지만, 성숙함은 사랑할 수 있는 능력이다.

사랑에 관하여

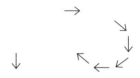

사랑은 분명 호감의 일종이다. 호감 가운데서도 아주 집중된 호감이다. 어떤 이가 눈앞에 있을 때는 좋지만 그렇지 않을 때는 곧 내 관심 밖으로 사라지고 만다면, 아직 사랑이라고 말하기 어렵다. 사랑은 상대가 지금 내 눈앞에 없어도 나를 들뜨게 하고 한숨짓게 할 정도의 집중성을 갖는 감정이다. 그래서 사랑을 골고루 나눈다는 것은 어려운 일이다. 사랑에 빠지면 세상이 다 아름답게 보여 누구에게나 잘해주고 싶지만, 실제로는 마음이 한곳에 쏠려 있어 그럴 수 없다. 하지만 이런 얘기는 사랑의 형식적인 특징에 불과하다.

　내용적인 측면에서 사랑의 가장 중요한 특징은 아마도 상대를 나만큼이나, 경우에 따라서는 나 자신보다도 더 위하는 마음일 것이다. 그래서 사랑은 인간을 숭고하게 만들기도 한다. 인간에게 자연스러운 이기심을 벗어나는 경험을 하게 만드니까. 그러나 그런 마음만이 사랑의 전부는 아니다. 특히 그런 마음이 그 자체로 목적이 되면 곤란하다. 상대가 나를 통해서만 세상을 보고 나를 통해서만 기쁨을 얻게 만들고자 하는 것은 왜곡된 사랑의 모습이다. 그래서 진부하게 들리겠지만 인격적 존중 없이는 사랑이라고 할 수 없다. 이 점은 좀 더 분명하게 의식하는 게 좋을 것 같다. 사랑의 감정이 가져오는 긴장과 안타까움이 종종 인격적 존중을 잊게 하고 짧은 길을 택하고 싶은 충동을 일으키기 때문이다.

기억을 떠올리면 여러 가지 우스운 일들이 있는데, 그중 하나가 내 아이와 처음 만났을 때의 일이다. 나는 이 세상에 막 태어난 아이에게 나의 다짐이자 선물로 "너는 나에게 존중받을 하나의 인격체야"라고 선언했다. 지금 생각하면 그 고지식한 젊은 철학도의 모습에 웃음을 금할 수 없지만, 그래도 그렇게 선언한 원칙은 줄곧 나의 교육방침이 되었다.

내가 사랑을 너무 일방적으로 '주는 사랑'으로만 말하고 있는 듯하다. 하지만 '받는 사랑'도 못지않게 중요하다. 내가 종교인이 아니라서 그런지, 받지 못하는 사랑은 실패한 사랑이라고 생각한다. 사랑의 완성은 내가 소중하게 여기는 상대로부터 나도 소중한 존재로 여겨질 때 이루어진다. 사랑받을 가능성이 없는 사랑은 어떤 지고至高의 종교적 정서이거나 아니면 병적인 것이다. 받는 사랑 역시 중요하기에, 상대에게 잘하는 것만큼이나 자기 자신을 위할 수 있어야 한다. 모든 것을 희생하는 사랑이 아니라 사랑을 통해 자신도 성숙하는 사랑을 말하는 것이다. 사랑받는 사람 입장에서도 상대가 사랑을 통해 스스로 아름답게 변모되어 가는 것이야말로 최고의 기쁨일 것이다.

보수적으로 들리더라도 말해야겠다. 소위 섹시함은 사랑의 출발점이 될 수는 있겠지만, 때로는 사랑의 장애물일 수 있다. 섹시함이란 자칫 애정을 받는 사람으로 하여금 그것을 당연시하게 만든다. 반면 애정을 주는 사람에겐 점차 감소할 수밖에 없는 매력이기 쉽다. 사랑의 공식은 "네가 나의 욕망을 끓게 한다"가 아니라 "너의 존재가 나의 삶을 가치 있게 만든다"이다.

당신이 이 계절을 고독 속에서 보내지 않길 바란다.

나의 작은 철학

예의에 관하여

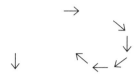

예의는 긍정적 역할기대에 맞는 행위 양식을 말한다. 긍정적 역할기대는 관계와 상황에 따라 달라진다. 서로 몸이 스치는 것조차 싫어하는 것은 애인으로서의 예의가 아니지만, 친밀하지 않은 사람이 자꾸 가까이 다가서는 것 역시 예의가 아니다. 예의가 아름답게 보일 때가 있다. 그것은 서로의 역할기대에 대해서 서로가 자유롭게 동의하고 그에 따라 행동할 때다. 반면 예의가 족쇄일 때도 있다. 그것은 나에게 내가 동의할 수 없는 역할기대를 하고 그에 맞게 행동하기를 요구할 때다. 신분지배의 사회에서 하층계급에게 요구되는 예의가 그랬고 남성지배 사회에서 여성에게 요구되는 예의가 그랬다. 그래서 많은 경우 예의를 파괴하는 것 자체가 혁신의 시작이었다. 어법과 인사 방식, 복장을 의도적으로 달리하는 것이 사람들에게 자극적인 이유는 그것이 단지 패션의 문제가 아니기 때문이다.

　그러나 예의의 부정적인 면 때문에 예의를 전부 다 버리려는 것은 잘못이다. 예의 없이는 자유로운 사람들이 모인 공동체를 지켜가기가 불가능하다. 한두 사람만 예의를 지키지 않아도 사람들은 곧 경찰이 필요하다고 말할 것이다.

아침에 산책을 나갔는데 누군가 밤새 산책로에 똥을 싸놓았다. 분개했지만 치우기로 했다. 그것 때문에 나와 내가 좋아하는 사람들이 그 산책길을 기피한다면 똥을 싼 사람에 의해 최대의 피해를 보는 것이라고 생각했기 때문이다. 안 치웠으면 그 사람이 두고두고 미웠을 텐데, 치우고 나니 그렇게 밉지 않았다. 다음에 안 그러기를 바랄 뿐. 너무 급해서 그랬을 수도 있으니까. 그러면서 과거를 떠올렸다. 내가 귓갓길에 토해놓은 흔적을 보고 혹시 누군가가 거기서 더러운 오물만을 보는 것이 아니라 내 청년기의 방황과 고뇌를 읽었다면, 나는 얼마나 행복하고 또 부끄러웠을까.

예의를 갖추고 타인에 대해 애틋한 마음을 표현하며 기다려주는 것은, 종종 상대의 정말 불쾌한 행위에 대한 가장 훌륭한 대응이 된다.

나의 작은 철학

신념에 관하여

흔히 확고한 신념의 필요성에 대해 이야기한다. 과연 확고한 신념이 인생에서 중요한 것일까? 신념은 위험성을 내포하지 않는가? 신념은 무엇일까?

신념이란 증명되지 않은 부분이 있는 사실이나 가치, 원칙을 수용하는 결단이다. 완전히 증명된 것에 대한 믿음은 신념이 아니다. 가령 오늘날 지동설에 대한 신념을 가졌다는 것은 별로 의미를 가질 수 없다. 그렇다고 신념은 또한 어떤 것을 무조건 믿는 것과 다르다. 증명하려는 노력 없이 신념화된 믿음은 존경받기 어렵다. 그것은 지적 게으름의 한 표현일 따름이다. 신념은 증명의 노력을 충분히 한 끝에 불확실한 부분을 결단으로 수용하는 것이다.

신념은 본성상 고독하다. 남을 따라 갖는 믿음은 신념이 아니다. 어떤 신념을 가졌다는 것은 설령 가장 믿을 만하고 권위 있는 사람이 나와 달리 생각하더라도 내가 나의 생각을 바꿀 수 없는 경우다. 권위에 따라 나의 생각을 바꿀 수 있다면 나는 그저 잠정적인 생각을 가졌던 것뿐이다. 신념에 동반하는 고독 때문에, 신념은 기쁨보다는 오히려 부담의 원인이 되기도 한다. 신념 때문에 친한 벗의 조언도 거부해야 한다면, 신념 때문에 가장 가까운 사람들에게 마땅히 할 의무를 다하지 못한다면, 심지어 나의 신념 때문에 가장 사랑스러운 사람이 고통을 겪는다면, 차라리 그런 신념은 애초에 갖지 않았길 바라는 심정이 될 수도 있다.

신념 때문에 고통스럽더라도 신념은 내 마음대로 어찌할 수 있는 것이 아니다. 내 마음대로 할 수 있는 생각이란 선전이요, 전략 이상의 것이 아니다. 나는 신념의 주인이 아니다. 오히려 신념이 나의 주인이다. 그래서 자신의 믿음을 어떤 다른 편익과도 바꿀 수 없어 차라리 목숨을 버리고자 하는 순교가 아마 신념의 가장 순수한 표현일 것이다.

그런데 수세적 신념과 달리 공세적인 신념은 의심해볼 만하다. 공세적인 신념은 그 뒤에 신념 외의 다른 이익이 도사리고 있을 가능성이 크다. 큰소리로 외쳐댈수록 근거 없음을 은폐하기 위한 것일 가능성이 크다. 공세적 신념은 많은 경우 신념 자체를 위해서가 아니라 비슷한 믿음을 가진 사람들에게 최대의 희생을 요구하기 위한 전략이다.

그러니 신념은 갖기도 어렵고 위험하기도 하다. 지적인 부담을 담당해야 하고 신념이 요구하는 희생을 감수할 수 있어야 한다. 제대로 된 신념은 우리에게 확고한 기반을 심어주는 것이 아니라 오히려 성찰과 고독, 희생을 감내하라고 요구한다. 그러나 설명과 증명을 위한 지적인 부담과 그것을 지키기 위한 희생을 기꺼이 감수할 용기가 있는 신념을 갖는 것, 그것은 인간의 가장 존중할 만한 모습이다.

　　그러나 너무 쉽게 신념을 말하는 자를 경계하라!

명예(1) 명예에 관하여

지위와 체면을 중시하는 사회라서 그런지 우리는 여기저기에 유달리 '명예'란 말을 많이 붙인다. 직함 앞에 '명예'를 붙이는 것은 크게 세 가지 경우로 나누어볼 수 있다.

첫째는 어떤 사람이 한 공동체나 신분의 구성원이 될 형식적 요건을 갖추지 않았지만, 오히려 모범적인 구성원이 될 수 있는 좋은 자질을 가지고 있음을 인정하는 경우다. 다른 나라의 인권운동가에게 주는 '명예시민' 훈장, 평민 출신의 뛰어난 문필가에게 주는 '명예남작' 칭호, 또는 학생들에게 특별한 경험이나 지식을 전달할 수 있는 사람을 '명예교사'로 위촉하는 경우가 그런 예다.

두 번째 경우는 그 사람이 과거 무엇을 했던 사람인지를 알려주기 위해 사용하는 경우다. '명예교수'가 그런 예이다. 혹자는 '명예교수'가 그렇게 평범한 의미가 아니라고 할지도 모르겠다. 그러나 'Emeritus'를 '정년퇴직 교수'가 아니라 '명예교수'라고 번역하는 것이 상례이고 보면 우리는 역시 정년

나의 작은 철학

퇴직한 교수를 모두 명예교수로 추대할 용의가 있는 사회에 살고 있다.

세 번째 경우가 내가 가장 잘 이해하지 못하는 것인데, '명예총재'나 '명예회장'과 같은 칭호에서의 '명예'의 의미다. 이것은 앞의 두 경우와 아주 다른 것 같다. '명예총재'나 '명예회장'이란 불편한 일에서는 빠지고 권력은 고스란히 휘두를 수 있는 지위를 말한다. 그러고 보니 퇴임한 대통령을 '전직 대통령'이라고 하지 절대 '명예대통령'이라고 하지 않는 것이 이해가 되긴 한다. 자칫 대통령 위의 대통령으로 오인되거나 스스로 오인할까 봐서 그런 용어는 부지불식간에 금지된 것일 게다.

위의 세 가지 용례에서 '명예'의 본 의미—단어의 본래 의미를 말하는 것은 곤란한 일이지만—에 가까운 것은 무엇일까? 두 번째의 경우가 체면사회에서 언어의 의미가 부풀려진 경우라면, 세 번째는 노후한 비공식적 권력이 질기게 작용하는 권력사회의 단면을 드러낸다. 나에게는 '명예'가 첫 번째 경우처럼 사용되는 것이 가장 적절해 보인다.

명예란 우선 내가 나에게 주는 것이 아니라 나의 어떤 자질 때문에 다른 사람들로부터 부여되는 것이다. 이때 문제가되는 자질은 천부적인 것이든 노력의 결과를 통한 것이든 보통 사람들이 쉽게 이루기 어려운 것이다. 명예는 그런 자질을 가진 사람에게 집단이나 사회가 주는 공개적인 인정이다. 그것은 공동체가 지향하고 장려하는 가치의 구현자에게 주는 축하다.

명예는 잃을 수 있다. 그 점에서 신분과 다르다. 신분이 곧 명예가 아니라 신분에 걸맞는 고결한 행동을 할 때만 명예가 부여되는 것이다. 자질이 없거나 소실되었는데 명예를 유지하려 하면 그것은 '허영'이다. 반대로 자신의 자질이 부족하다고 여기고 있는데 명예를 부여받으면 '영예'가 된다. 스스로 자질을 갖추었는지 확신하지 못하기도 하고, 잃을 수도 있는 것이기에 명예는 당사자에게 자랑스럽지만 부담스럽기도 한 것이다. 그렇기에 개인에게 명예는 자칫 '멍에'가 될 수도 있다.

한 번 이룩한 명예가 부담이 아니라 새로운 권리의 출발로 여겨지면 명예는 권력으로 탈바꿈된다. 권력이 된 명예는 매명賣名이다. 매명이 된 명예는 명예를 부여한 사람들과 공동체에 대한 배신이다. 우리 사회, 매춘만이 아니라 매명도 문제다.

명예(2) 명예와 자존감

명예와 자존감은 같은 것일까? 나는 두 가지가 조금 다르다고 생각한다. 자존감은 내가 스스로 '당연히' 갖추어야 할 것으로 여기며 다른 사람들로부터 '최소한' 그렇게 이해되고 대접받고자 하는 상태와 관련되어 있다. 그 최소한의 것이라는 것은 물론 사람마다 다를 수 있다. 오랜 시간 부유하게 살아온 사람은 고급 음식을 먹지 못하면 자존감이 상할 수 있고, 한 가문에 오래 봉사했던 집사는 의심하듯 세세한 것에 관여하는 집 주인 때문에 자존감이 상할 수 있다. 평등 의식을 가진 시민은 동등한 참여 기회가 제한되면 자존감이 상할 수 있고, 자신의 판단력에 약간의 자신이 생긴 아이는 자신을 너무 어리게 취급하는 어른들 때문에 자존감이 상할 수 있다.

명예는 자신이 이룰 수 있는 최대한의 것과 관련된다. 흔한 지역 마라톤 경기에서 입상하는 것은 올림픽 마라톤 금메달리스트에게 더 이상 명예가 될 수 없다. 반면에 장애인이 지역 마라톤 경기를 완주했다면 큰 명예가 될 수 있다. 명예는 역시 이루거나 지키기 어려운 것과 관련되어 있다.

명예욕이 강한 사람들은 명예를 지키지 못하면 자존감에 상처를 입을 수도 있다. 이것은 명예로운 상태가 자신에게 '당연히' 유지되어야 한다고 여기기 때문이다. 자신이 이룰 수 있는 최고의 상태를 자신이 계속 유지해야 할 당연한 상태로 여기는 순간, 명예는 멍에가 될 수 있다. 최대를 최소로 여기는 심리는 챔피언들이 빠지기 쉬운 심리적 함정이다. 챔피언의 불행은 스포츠에만 있지 않다.

개인을 충분히 존중하지 않았던 지난 (그리고 현재의) 역사는 명예에 대해서도 심한 왜곡의 흔적을 남긴 것 같다. 한 개인이 할 수 있는 최대한의 것에서 명예를 얻도록 하는 것이 아니라 신분의 이익이나 지배 이데올로기에 자신을 헌신하였을 때 명예를 부여한 일이 얼마나 많았던가.

도대체 왜 정조가 여자의 명예가 되었던가? 그것이 정말 여성이 할 수 있는 최대한의 것이어서? 과거 천황에게 충성하기 위해 어떤 만행도 서슴지 않았던 신민들, 또 일본 우익의 역사교과서 왜곡에 항의한다며 집단으로 '단지식斷指式'을 행하는 사람들에게는 어떤 종류의 명예의식이 작용하는 것일까? 무엇을 명예롭게 여기는가, 또 무엇을 명예롭게 여기도록 하는가에서 한 사회의 차별과 지배구조를 읽어낼 수 있지 않을까?

명예(3) 명예와 수치심

많은 사람에게 수치심은 행위의 효과적인 제동장치다. 무엇을 하고 싶어도 창피해서 못하는 경우가 얼마나 많은가. 그런데 수치심은 수줍음과도 좀 다르고, 죄책감과도 좀 다르다. 수줍음은 무엇이 잘못되어서 느끼는 감정이 아니다. 친숙하지 않은 것을 할 때, 상대에게 좋게 보이고 싶은데 어떻게 대해야 할지 모를 때, 자신이 보여주거나 행하는 것에 대해 상대의 반응을 자신할 수 없을 때 수줍음을 느낀다. 수줍음이란 호의와 불안감 속에서 자신을 조심스럽게 노출하는 것이다. 반면 자신만만한 사람은 다르다. 원하는 대로 상대의 반응을 제어할 수 있는 사람은 수줍어하지 않는다.

수줍음과 달리 죄책감은 무엇이 잘못되었을 때, 특히 도덕적인 잘못을 저질렀을 때 드는 감정이다. 마땅히 해야 할 것을 하지 못했을 때, 혹은 하지 말아야 할 것을 했을 때 느끼는 스스로에 대한 책망이다. 그래서 죄책감이란 이미 어느 정도 도덕이 내재화된 사람만이 가지는 감정이다. 사회가 잘못을 저지르고도 죄책감조차 느끼지 않는 사람에게 관대하지 않은 이유는 그가 같은 잘못을 반복할 것이라 생각하기 때문이다.

수치심 역시 무엇이 잘못되었을 때 느끼는 감정이지만 죄책감과는 좀 다르다. 수치심은 도덕성을 어겼을 때뿐 아니라 어떤 탁월성을 달성하지 못했을 때도 느낀다. 챔피언은 게임에서 지면 수치스럽다. 가장으로서의 의식이 강한 남자는 여자의 수입으로 살 수 있어도 자신의 수입이 없으면 수치스럽다. 수치심은 '무엇다워야 함'을 충족시키지 못했을 때의 감정이다. 물론 경기에 진 챔피언이나 수입 없는 가장이 수치심 대신 죄의식을 느낄 수도 있다. 그러나 그것은 챔피언 지위를 잃음으로써 국민의 희망을 좌절시켰다든가, 혹은 자신의 아내에 대한 무언의 약속을 어긴 것이라는 식으로 자신의 처지를 이미 도덕화했기 때문에 생긴 것이다.

수치심이 수줍음이나 죄책감과 확연히 구별되는 것은 아니다. '도덕적 수치감'이란 말이 자연스럽듯이 특히 죄책감과는 중첩되는 면이 많이 있다. 그런데도 내가 굳이 수치심과 죄책감을 구별하려는 이유는 수치심의 의미가 명예의 의미를 밝히는 데 중요한 도움이 될 것 같아서다.

만일 명예의 반대편에 서 있는 것이 수치심이라면 명예는 어떤 탁월성, 내가 나에게 기대하는 '무엇다움'의 실현에서 느끼는 감정이다. 그래서 명예는 반드시 도덕심과 관련된 것도 아니고 단순한 자존감도 아니다. 탁월성과 관련되기에 명예

나의 작은 철학

는 귀족주의적이고 평등을 이탈할 우려가 있어 약간은 불순하다. 명예는 자주 함정이 되기도 한다. 명예 때문에 거만해진 자는 자주 사소한 것에 걸려 넘어지고, 명예를 쫓는 어리석은 자는 종종 허황의 그물에 걸린다.

관용에 관하여(1)

관용을 국어사전에서 찾아보면 "너그럽게 용서하거나 용납함"이라고 되어 있다. 이 설명은 얼핏 보기에 어른이 아이에게, 강한 자가 약한 자에게 못마땅한 것을 느긋하게 봐주는 말처럼 들려서 좀 낡은 냄새가 난다. 오늘날 관용에 대해서 말할 때는 보통 군자나 어른됨의 여유 있는 태도가 아니라 시민윤리로서의 관용을 주로 말한다. 내가 자세히 말하고 싶은 것도 시민윤리로서의 관용이다. 그런데 관용의 원형, 강자가 약자에게 베푸는 관용도 사실 생각과 달리 무척 어려운 일이다. 나는 강자가 약자에게 베푸는 관용에서 출발해서 관용에 대한 몇 가지 생각할 거리를 제시해보려 한다.

우리가 다시 주워 담지 못할 말을 가장 쉽게 하고 인내심을 가지고 배려하지 못하는 것은 주로 약자와 아랫사람에 대해서다. 후배의 불손한 한 마디에 주먹을 날리고, 자신에게 따끔한 비판을 한 마디 던졌다고 나이 어린 학자를 평생 마음의 원수로 삼는 모습을 우리는 일상에서 심심찮게 볼 수 있

나의 작은 철학

다. 당장 혹은 나중에 자신에게 돌아올지 모르는 나쁜 결과에 대한 생각이 없다면, 인내심을 가지고 공손하게 다른 사람을 대하는 것이 어렵다는 증거들이다. 자신이 한 말과 행동에 대해서 뼈아픈 책임을 져야 할지 모른다는 두려움은 언제나 가장 영향력 있는 교육자였다. 반대로 확실히 우월한 위치에 있어서 그런 두려움을 가질 필요가 없으면 오만해지기 쉽다.

따지고 보면 관용은 마음에 들지 않는 상대의 말이나 행동에 대해 어떤 제재 수단을 가지고 있을 때, 그러니까 내가 어떤 의미에서 강자일 때만 의미가 있는 것이다. 상대로부터 해를 입을까 봐 상대의 행동을 묵인하는 것은 관용이 아니라 회피나 타협이다. '착한 내가 참지'라는 농담은 현실에 만연한 회피와 타협을 반영하는 것 같다.

그런데 위에서 우리는 강자야말로 약자에 대해서 자신의 말과 행동을 자제하기가 어렵다고 하지 않았던가. 여기에 바로 관용의 어려움이 있다. 혹시 누군가는 "나를 일단 강자의 위치에 올려다오. 그러면 내가 얼마나 관용적인지 보여주지"라고 냉소적으로 말할지 모르겠다. 그러나 우리는 보통 자신이 입힌 피해보다는 자신이 입었거나 입을 수 있는 피해에 민감하기 때문에, 자신보다 높은 위치에 있는 사람을 주목하고 신경 쓰고 있을 뿐이다. 자신이 타인에게 행사하고, 행사할 수 있는 억압과 구속은 쉽게 눈에 띠지 않는다.

그러나 만일 강자의 힘을 '상처 입힐 수 있는 능력'으로 이해할 경우, 이 세상 사람들은 대부분 다소간의 차이는 있지만 모두 강자다. 세상에서 정말 누구나 할 수 있는 일은 남에게 상처를 주는 일이다. 대등한 시민 사이는 물론이고, 심지어 어린 자식도 부모가 정서적으로 자신에게 의존적이라는 점을 이용해서 부모에게 상처를 줄 수 있다. 학생과 선생의 관계도 마찬가지다. 선생은 성적을 매길 수 있는 권한이 있기 때문에 학생의 눈에는 강자로 보인다. 그러나 스포츠 클럽에서라면 선생은 젊은 제자가 부럽기만 할 것이다. 아무튼 누구에게나 자신보다 약자의 위치에 있는 사람은 언제나 있기 마련이다. 그가 보통의 위치에서 관용적인 태도를 갖지 못한다면, 그가 더 강자의 위치에 올라섰을 때 관용적인 태도를 가지리라는 보장이 없다. 그러니까 관용은 강자만을 위한 윤리가 아니고 모든 사람에게 적용되는 윤리인 것이다.

더 이야기를 진행하기 전에 내가 '관용의 역설'이라고 부르고자 하는 사태를 분명히 하고자 한다. 관용은 바로 관용이 필요한 곳에 충분하게 있기 어렵다. 마치 빈부격차가 심한 나라에서의 화폐처럼 말이다. 관용은 상대에게 어떤 제재를 가할 수 있지만 스스로 삼갈 때만 성립하는 것인데, 바로 그런 위치에 있는 사람이야말로 남에게 상처를 주는 말과 행동을 쉽게 하지 않는가. 바로 관용이 필요하고 또 있어야 할 곳에 관용이 자리 잡기 어렵다는 사실, 이 '관용의 역설'을 우리는 어떻게 설명해야 할까? 그리고 어떻게 대처할까? 강자의 자기절제에 호소하는 것은 굉장히 위험한 도박이다. 그래서 강자가 행사하는 자의적 폭력에 맞서는 제재 수단을 강구하는 것이 정말 중요하다. 그것이 바로 법치국가의 이념이고 민주주의의 초석이었다.

　오늘날은 가족 관계에서 일어나는 폭력에 대해서조차 사회적 제재 수단을 강구하는 것이 대세다. 나는 이런 추세가 맞다고 생각하지만, 다른 방향의 노력이 필요하다는 점도 강조하고 싶다. 만일 소수의 강자가 다수의 약자를 지배하는 단순한 사회 구조 아래서라면, 독재를 제재하는 강력한 수단을 갖추어놓으면 그만일지 모른다. 그러나 사회를 좀 더 미시적으로 관찰해보면, 사회에는 수많은 종류의 권력들이 교차하고 있음을 알게 된다. 앞에서 말했듯이 인간은 누구나 타인에게 상처를 입힐 수 있다는 점에서 가장 평등하다고 할 수 있다. 이렇게 서로가 서로에 대해서 강자이기도 하고 약자이기도 한 사회에서―물론 힘의 불균형이 있다는 것을 외면하지 말자―강자가 범할 수 있는 잘못을 모두 제재 수단의 위협을 통해서만 방지하려고 한다면, 우리는 어쩌면 제재 수단으로만 가득 찬 사회를 구상해야 할지도 모른다. 그러지 않으려면 우리는 자의적 폭력을 견제하는 제재 수단과 함께 관용의 윤리가 성립할 수 있는 여지가 어디에 있는지 생각해봐야 한다.

　물론 관용에 대해 깊이 있게 이야기하려면 조심해야 할 사항들이 몇 가지 있다. 그 가운데 하나는 무엇을 관용하지 말 것인가 하는 문제다. 다른 인종에 대해서 관용적이어야 한다는 것은 분명한데, 과연 인종차별주의자도 관대하게 대해야 하는 것일까? 사실 억압적인 사회의 특징 가운데 하나는 바로 관용되어야 할 것은 억누르고 관용되지 말아야 할 것을 너그럽게 보아주는 것이었다. 그래서 '억압적 관용'이라는 역설적인 표현도 있다.

이 문제 외에도 관용의 윤리가 왜 필요한지에 대한 다양한 이론이 있다. 관용을 지지하는 가장 인상적인 글 가운데 하나는 아마도 존 스튜어트 밀John S. Mill의 《자유론》일 것이다(일독을 권한다). 그런데 내가 여러분들과 의견을 나누고자 하는 것은 좀 더 기초적인 문제다. 나의 제안은 관용이 왜 어려운지 일단 자세히 살펴보자는 것이다. 이 물음에 대해 어떤 답을 얻는다면, 혹시 우리는 우리 자신의 태도에 작은 변화를 줄 수 있을지 모른다.

왜 우리는 남을 너그럽게 대하기 어려운 것일까? 자신을 향한 위협에 모든 인간이 민감하게 반응한다는 가정에서 출발하면, 사람들이 너그럽지 못한 것은 어떤 불안과 위협에 대한 표현이 아닐까? 아니! 그렇다면 실제에서는 관용을 베풀지 못하는 자가 불안과 위협에 시달리기 때문에, 그러니까 알고 보면 약자이기 때문에 그렇다는 것인가? 이 무슨 선문답 같은 이야기인가. 그렇지만 또한 이런 이야기가 맞는 것 같기도 하다. 우리는 어린 조카가 주먹을 들고 덤벼도 그저 한 대 맞아주거나, 맞대응을 하더라도 교육적인 견지에서 할 뿐이다. 심지어 져주기도 한다. 사자의 느긋함이랄까. 그에 반해 지면 끝장인 정치의 세계에서 양보나 져주기란 있을 수 없다. 그리고 보면 진정한 강자만이 너그러울 수 있는 것처럼 보인다. 그런데 이런 설명은 자칫 가해자에 대한 동정론으로 빠질 위험이 있다.

성폭행 문제와 관련하여 우리 사회에서 널리 퍼져 있는 이상한 견해처럼 (피해자 책임론/가해자 동정론: 한 마디로 이 이상한 견해는 "오죽하면"으로 집약된다. 오죽하면 그런 일을 당했겠어, 오죽하면 그런 짓을 했겠어) 말이다. 그러나 강자가 실제로는 약자라는 궤변은 받아들일 수 없어도, 관용적이지 못한 태도와 '불안' 사이에는 어떤 상관관계가 있다고 생각한다. 내가 다음에 다룰 문제는 바로 이 문제다. 나는 어떤 독특한 불안이 관용적 태도를 어렵게 만든다고 생각한다.

관용에 관하여(2)

사람들이 다투는 것은 얼핏 이익 때문으로 보인다. 이익이 우리 행위의 가장 중요한 동기 가운데 하나라는 점을 고려한다면, 이익 때문에 다툼이 일어나는 것은 당연한 일인지도 모른다. 그렇다면 관용의 문제도 결국 이익의 문제와 관련해서 논의될 수 있을까? 물론 자신의 이익이 침해되었기 때문에 타인을 너그럽게 대하지 못하는 경우는 아주 흔하다. 그러나 좀 더 자세히 살펴보면 통상적인 이익의 개념으로는 파악하기 어려운 현상들이 수두룩하다. 아마 직업이 선생인 사람은 아무 이유 없이 길에서 당한 폭행의 분慎은 며칠 만에 삭이더라도, 제자가 자신에게 한 불손한 말 한 마디는 평생 잊지 못할지도 모른다. 도움을 청했을 때 거절한 친구는 왜 그렇게 용서하기 힘든 것인가? 친구를 잃는 것보다 용서하는 것이 훨씬 이익일 텐데 말이다. 사소한 모욕을 그냥 넘기지 못하고 결투에 나서는 사람은 또 어떻게 이해해야 하는가? 왜 종교는 모든 죄인을 용서하라 하면서, 유독 이교도에 대해서는 그렇게 적대적인가? 왜 우리 남성들은 남자답지 못하다는 한 마디를, 선배들은 후배의 사소한 비판을 그토록 참지 못하는가?

자신의 이익 때문에 타인을 너그럽게 대하지 못하는 것은 옹졸한 일이지만, 대부분의 경우 위험한 결과를 가져오지 않는다. 나로 인해 손해를 입은 상대가 나에게 더 큰 위해를 가할 수 있다는 점을 고려한다면, 그리고 단기적이고 전략적 행위보다 협동을 통해 얻을 수 있는 이익이 더 크다는 현실적인 계산만 할 수 있다면, 우리는 타인의 기본적인 권리를 해치는 일을 삼갈 수 있다. 관용의 덕이 더 많이 요구되는 상황, 그러니까 상대의 기본적인 권리마저 위협하는 일이 벌어지는 상황은 대부분 이익보다는 가치나 의미가 문제되는 상황으로 보인다. 그러니까 우리가 정말 너그러워지기 어려울 때는 이런 느낌이 드는 경우이다. "내가 이것을 참는다면 도대체 무엇 때문에 세상을 사는 거야?" 세상 사는 의미를 뒤흔드는 일을 내가 어떻게 너그럽게 받아들일 수 있겠는가? 도대체 그럴 이유가 어디 있는가? 의미 없는 세계라면 종말이 와도 되는 것 아닌가?

내가 보기에 이 문제에 적절히 접근하기 위해서는 우리 자신을 사회적 자아로 이해하는 것이 관건이다. 우리는 세상에 태어날 때부터 이미 어떤 소질을 가지고 있다. 그렇지만 날 때부터 우리가 우리 자신을 무엇으로 규정하고 나오지는 않는다는 것은 확실하다. 내가 나를 무엇으로 이해하는지는 사회적 삶을 통해서 형성된다. 자아는 이야기, 놀이, 교육 같은 역할 규정과 역할 수행 등을 통해서 우리 자신을 어떤 사람으로 받아들이느냐에 따라 형성된다. 사회의 각 구성원들이 그들에게 일반적으로 기내되는 역할과 자신을 동일시하게 되면 사회화는 성공한 것이다. 사회의 안정성은 그런 사회화를 통해서 성취된다. 만일 귀족들이 귀족에게 기대되는 역할과 자신을 동일시하고 천민들은 천민에게 기대되는 역할과 자신을 동일시한다면, 신분제 사회마저도 안정성을 가지게 된다. 안정적인 사회는 결코 강압으로만 이루어지지 않는다.

사회구성원들에게 역할을 배분하고 배분된 역할과 동일시하게 만드는 일은 포함과 배제의 전략에 따라 이루어진다. 그러니까 우리의 자아는 "너는 이것이고 저것이 아니다"라는 수많은 이야기 속에서 구성되는 것이다. 그런데 이 포함과 배제의 전략은 중립적으로 수행되지 않는다. 사회 지배층에 속하게 될 사람을 길러내는 과정에서 포함과 배제의 전략은 한편에서 자아에 포함될 것에 대한 명예심, 그리고 다른 한편에서 자아에 포함되지 않을 것에 대한 경멸과 수치심을 심어주는 방식으로 구체화된다. '그러고도 남자냐'라는 말을 견디지 못하거나 아랫사람의 불손한 말 한 마디에 목숨마저 빼앗을 수도 있는 분노는 그런 식으로 형성된 자아에게 가능한 것이다. 반면 피지배층에 속하게 될 사람을 길러낼 때 포함과 배제의 전략은 자아에 포함될 것에 대한 숙명 의식과 타자에 포함될 것에 대한 경외심을 심어주는 방식으로 구체화된다. 전생의 탓이든, 여자의 도리든, 피조물이기 때문이든, 희생과

나의 작은 철학

봉사를 자신의 운명으로 인식하고, 자신이 돌보거나 봉사하는 자의 성취에서 자신의 삶의 의미를 찾게 만드는 것이다. 자기 안에 포함될 것과 자신을 동일시하는 것을 '긍정적 동일화'라 한다면 타자가 성취한 것에서 자신의 자부심을 찾는 태도는 '부정적 동일화'라고 표현할 수 있다. 부정적 동일화가 이루어지면, 너그럽게 보아줄 수 없는 것은 자신에 대한 모욕이 아니라 자신이 섬기는 것에 대한 모욕이 된다. 자신에 대한 비인격적 대우는 견디더라도 주인이 겪는 모욕은 참을 수 없는 노예의 심리는 그런 부정적 동일화의 결과다.

위에서 말한 사회적 자아의 형성 방식은 물론 도식적인 이야기에 불과하다. 사회구성원들이 자부심을 가진 자와 숙명 의식을 가진 자로 양분되지는 않는다. 사람은 대개 다소간의 자부심과 다소간의 숙명 의식을 갖도록, 다양한 종류의 긍정적 동일화와 다양한 종류의 부정적 동일화 과정을 통해 훈련된다. 내가 보기에 사람들이 관용의 태도를 갖기 어려운 경우는 바로 스스로와 동일시하는 것이 침해될 때다. 특히 자신이 긍정적, 혹은 부정적으로 동일시하는 존재가 자신이 경멸하는 존재에 의해 침해되었다고 느끼는 경우라면 더욱 관용을 베풀기 어렵다. 또 자신이 더 없이 귀하게 여기는 것이 보잘것없는 것에 의해 모독되면 이 역시 관용을 기대하기 어렵다. 귀족이 천민으로부터의 사소한 모욕도 절대 못 참는 것이나, 내가 섬기는 신을 보잘것없는 이교도가 모독하면 도저히 참을 수 없는 것이 모두 그러한 경우에 해당된다.

분노에 관하여

조금 더 화를 잘 내거나 조금 더 느긋하다는 차이는 있지만, 누구나 가끔 분노한다. 분노는 강렬하면서도 지속적인 감정이다. 우리가 때로 느끼는 행복감도 분노의 감정처럼 강렬하고 오래 지속된다면 얼마나 좋을까. 그러나 행복감은 느끼는 순간 벌써 평범한 무채색을 띠기 시작한다. 반면 분노의 감정은 시간이 지나 그런 감정을 갖는 것이 어리석다고 판단될 때까지도 우리의 마음을 놓아주지 않는다. 행복감은 화려한 불꽃놀이처럼 금방 흔적 없이 사라지지만 분노는 아물었다고 생각되다가도 다시 더욱 아프게 터지는 상처와 같다.

　우리의 마음이란 게 잘 구획되어 있어서 마음의 한구석에서 일어난 감정이 그 자리에만 머무르는 것이 아니다. 하나의 감정이 마음에서 차지하는 자리의 크기는 바로 그 감정이 우리의 주의력을 얼마나 강하게, 그리고 지속적으로 끄는가에 달려 있다. 그래서 분노처럼 강렬하고 지속적인 감정은 우리 마음 전체를 사로잡아버리고, 동정심이나 이해심의 자리를 전혀 남겨놓지 않을 수도 있다. 사소한 일로 시작된 분노가 자신과 상대방의 인격 전체를 위태롭게 해도 서슴지 않고 분노에 몰두하는 것은 바로 그런 이유 때문이다.

분노하는 사람에게서 공정하다는 느낌을 갖기란 거의 불가능하다. 이론에서는 비판을 미덕이라고 강조할지 모르지만, 부드럽고 완곡한 비판이나마 열린 마음으로 받아들일 수 있는 사람은 분명 예외라고 보아도 좋다. 성직자와 신도, 의사와 환자, 그리고 때로 스승과 제자처럼 이미 한 쪽이 다른 쪽의 말을 경청하고 따를 태세가 되어 있지 않다면, 사소한 충고도 기대한 효과를 내기보다는 관계를 소원疎遠하게 하기 일쑤이다. 여러 사람과 두루 잘 지내고 싶은 사람은 남에게 비판하거나 충고하지 않는 것을 처세술의 제1조로 삼을 일이다. 그러니 분노의 감정 때문에 마음의 균형이 흐트러져 상대를 세심하게 배려할 여유가 없는 사람이 던지는 비난은 곱게 들릴 리가 없다. 처음에 누가 잘못했더라도 일단 한쪽이 분노하면, 다른 쪽도 곧 분노의 감정을 키우기 십상이다. 그래서 분노는 으레 상호상승 작용을 일으키고 사소한 일로 발단이 된 불화가 극단적인 행동으로 이어질 수도 있는 것이다.

분노는 대개 공정한 판단과 행위를 불가능하게 만들기 때문에 분노의 피해자는 일단 분노의 화살을 맞는 사람이다. 그러나 분노하는 사람 역시 언제나 분노의 희생자다. 한 번 터진 포탄을 다시 탄피에 넣을 수 없는 것처럼, 분노가 가져온 부작용은 흔적 없이 처리하기 어려운 경우가 많다. 아마도 인격수양의 요체 가운데 하나는 분노가 스스로 성장하는 것을 막고 분노의 크기를 분노할 이유에 맞추는 일이라고 할 수 있다.

분노의 폐해를 절감한 나머지 어떤 이는 분노의 감정이 아예 일어나지 않게 하는 것이 최고의 수양 단계라고 말할지도 모른다. 그러나 그것은 보통 사람에게 바랄 수 있는 것도 아니고, 또 바람직한지도 의문이다. 하나를 이루기 위해 자신의 삶 전체를 거는 정열적인 인물들이 세계사의 변화를 가져왔다는 헤겔의 역사철학을 믿지 않더라도, 정열의 중요성은 누구나 인정한다. 그런데 정열의 에너지는 우리의 마음이 향하고 있는 이념이나 가치에서만 오는 것이 아니라 바로 그런 이념이나 가치의 실현을 가로막는 장애물에 대한 분노에서 온다. 가난에 대한, 사랑을 막는 구습에 대한, 공정한 세상의 실현을 막는 사회구조에 대한, 여성의 인간적 지위를 가로막는 가부장제에 대한 분노가 없다면, 어떻게 새로운 삶을 위해 자신의 모든 편안함을 버리는 사람들이 있었겠는가. 그러니 분노는 그저 사라져야 하는 감정이 아니다. 문제는 무엇에 분노하는가다.

무엇에 분노하고, 무엇에 분노하지 않는가를 보는 것은 한 사람의 인품을 평가하는 가장 쉬운 방법이다. 화낼 일이 아닌데 화를 내는 자는 부족한 자이고, 정말 화를 낼 일에 화를 내지 않는 자는 의심스러운 자다. 아마 전혀 분노하지 않는 자는 자신이 포기하지 않고자 하는 가치를 아무것도 갖지 않은, 마음이 없는 동물이거나 아니면 자신의 가치를 실현하는 데 아무런 장애물을 갖지 않는 천사이리라.

그런데 조심하자. 무엇은 화낼 만하고 무엇은 그렇지 않은지에 대한 당신의 판단에 성숙의 정도가 고스란히 응축되어 드러난다. 작은 물음이 작은 답을 얻게 하고 큰 물음이 큰 답을 얻게 한다는 것은 공자님의 말씀이었던가. 아마 사소한 일에 대한 분노가 작은 인품을 만들고, 큰일에 대한 분노가 큰 인품을 만든다고 해도 틀리지 않으리라. 나는 당신이 작은 편익과 사소한 자존심 싸움에는 넉넉한 마음이기를 희망한다. 그렇지만 권위주의와 사회적 차별, 세계의 기아, 외국인 노동자에 대한 부당한 대우, 여성의 좌절, 맹목적인 자연의 파괴에 대해서는 분노할 수 있기를 희망한다.

감사함에 관하여

너무 일상적으로 사용되는 표현은 때로 그 뒤에 있는 사실의 무게를 가린다. '감사'도 그런 예다. 형식적인 인사에서든, 물건을 사고팔 때든, 언제든지 '감사'라는 표현이 따라다니니 이제 '감사'는 '적의가 없다'는 정도의 극히 소극적인 의미만을 갖는 것처럼 보인다. 그러나 '감사'의 마음은 아주 독특한 것이고 우리의 심정과 태도에서 중요한 부분을 차지한다.

상거래에서 오가는 인사말로서의 '감사'는 아주 부적절한 것은 아니더라도 감사하는 마음의 독특성이 많이 희석된 경우다. 상대가 나의 물건을 구입해줘서 고마운 마음이 들 수 있겠지만, 실상 시장에서의 거래는 원칙적으로 자신의 이익을 위해서 이루어진다. 상대는 같은 물건을 더 싸게 구입할 수 있었다면 다른 곳에서 물건을 샀을 것이다. 그가 나의 이익을 위해서 구입한 것도 아닌데 내가 왜 감사해야 하는가? 구입하는 사람 입장도 마찬가지다. 상대는 나를 위해서 물건을 판 것이 아니다. 만일 더 많은 값을 받을 기회가 있었다면,

나의 작은 철학

혹은 다른 사람이 먼저 구매 의사를 밝혔다면 그는 망설이지 않고 자신의 물건을 처분했을 것이다. 그러니 왜 구매자가 판매자에게 감사해야 하는가? 시장이라는 무대에서는 일차적으로 인격이 아니라 상품과 화폐가 주인공들이다. 인격체들은 무대 뒤에서 그 주인공들을 만들어내기는 하지만, 시작된 연극에 개입하지는 못한다. 이런 주인공들이 펼치는 연극에서 감사의 마음은 별로 차지할 자리가 없다.

그렇다면 감사의 마음은 특별한 혜택을 보았기 때문에 생기는 것일까? 분명 보통의 거래보다는 이 경우에 감사의 마음이 생길 가능성이 크다. 가령 다른 사람보다 훨씬 싼값으로 상품을 인도받으면 감사의 마음이 들 수 있다. 그러나 언제나 그런 것은 아니다. 감사의 마음보다는 '재수가 좋았다'는 느낌이 들 수 있다. 이 느낌은 감사의 마음과는 전혀 다른 느낌이다.

만일 감사의 마음이 단순히 내가 상대에게 준 것과 상대가 나에게 준 것 사이의 '차액'에서 발생하는 것이라면, 그 차액을 갚는 순간 감사의 마음도 사라질 것이다. 그러나 감사의 마음은 그렇지 않다. 어려운 시절 누군가에게 따뜻한 밥 한 끼를 얻어먹었을 때 생긴 감사의 마음은 나중에 그에게 집 한 채를 장만해주어도 쉽게 사라지지 않는다. 또 자기가 감사를 느꼈던 사람에게 잘해주지 못하면 그것처럼 스스로를 형편없는 존재로 느끼게 만드는 것도 없다. 스스로 배은망덕한 사람이라고 생각하는 이는 정말 비참하다.

감사의 마음은 상대가 그래야 할 의무가 없는데도—혹은 의무 이상으로, 혹은 의무라 하더라도 다른 사람들은 대부분 제대로 이행하지 못하는데—나에게 관심과 애정을 보여주었을 때 드는 감정이다. 상대는 나에게 어떤 물건이나 행위만을 건넨 것이 아니라 자발적으로 자신의 인격과 존재를 건넨 것이다. 이런 일을 '당하여' 나에게 감사의 마음이 생기면, 이 심정은 우리 감정의 아주 깊은 곳에 자리 잡고 여간해서 변동을 겪지 않는다. 내가 한번 감사의 마음을 가졌던 상대는, 훗날 그 사람이 다른 사람들에게 무슨 평가를 듣던 간에, 적어도 나는 배신할 수 없는 존재가 된다. 순전히 계산적으로만 보자면, 감사의 마음은 비합리적이고 풀리지 않는 족쇄 같기도 하다. 이런 족쇄를 차고 싶지 않은 사람은 남에게 감사의 마음이 들지 않도록 조심해야 한다.

감사의 마음은 인간에게 현재보다 과거가 더 큰 영향을 미칠 수 있음을 보여주는 예다. 지금은 내가 지식이 더 많아도, 더 좋은 학자여도, 학창 시절 고마웠던 선생님은 여전히 내 마음속 스승이다. 객관적으로 보면 그가 그때는 평범한 선생이었고 지금은 초라한 노인일 뿐인데, 아니, 오히려 그럴수록 그는 내 마음속 스승으로 자리매김한다. 감사의 마음은 묘하게 심리적인 종속성을 불편하게 느끼지 않도록 만든다. 경우에 따라서는 오히려 행복감을 배가시키는지도 모르겠다. 모든 사람을 지배하는 사람과 정말 감사하고 그래서 복종하고 싶은 상대가 있는 사람 중에 누가 더 행복할까? 어쩌면 종교적 행복감의 비밀이 여기에 있지 않을까?

감사할 수 있는 자는 행복하다. 그러나 종속적이다. 거기에서 벗어나는 길은 고마운 상대에게 빚을 직접 갚는 것이 아니다. 그런 길은 없다. 만일 완전히 갚을 수 있다면, 그것은 감사의 마음이 아니다. 감사의 마음에서 완전히 벗어날 수 있다면 그것은 나의 행위에 의해서가 아니라 상대 때문이다. 가령 상대가 보여줬던 관심과 애정이 전략적 고려에서 나온 것이라는 사실이 드러났던가, 혹은 나의 심정적인 종속성을 노골적으로 이용하여 이득을 취하려 할 경우다. 그래서 상대가 자신에게 너무 깊은 감사의 마음을 갖는 것이 부담스러울 경우, 일부러 상대의 이익을 위해서가 아니라 자신의 이익을 위해서 그랬다고 말해주기도 하는 것이다.

감사의 마음에 동반되는 심리적 종속성을 벗어나는 유일한 길은 다른 타인이 감사할 수 있도록 행위하는 것이다. 어려운 시절을 보낸 이가 나중에 봉사활동에 참여하는 것이 그런 예에 속한다. 물론 이것은 빚진 마음에서 벗어나기 위해 받은 만큼 주어야 한다는 식의 계산이 아니다. 그것은 내가 받았던 지지支持, 자발적 사랑, 삶을 공유하는 태도를 전승하는 것이다.

수양에 관하여

수양이란 무엇일까? 도덕군자들의 이야기에 불과할까? 지식 정보의 시대에 그저 한가한 소리에 불과할까? 체계적 학문이 성립하기 전에나 그럴듯하게 보였던 지식습득의 낡은 유습일까? 현대에도 사람들이 수양의 필요를 느낀다면 그 느낌의 정체는 무엇일까? 수양이 잘되면 어떤 상태가 되는 것일까?

수양이 부족한 내가 수양에 대해 어찌 잘 알겠는가만, 몇 가지 떠오르는 생각이 있다. 수양은 지식습득과 좀 다르다. 수양을 통해서 습득할 수 있는 지식에는 분명 한계가 있고, 반대로 지식이 많은 사람이라고 해서 수양이 잘되어 있다는 보장은 전혀 없다. 그렇다고 수양이 지식과 아주 무관하지는 않은 것 같다. 다만 수양에서 문제가 되는 지식은 특별한 종류의 지식으로서, 어떤 특별한 태도를 익혀야만 비로소 획득될 수 있다는 것이다. 수양의 핵심은 바로 그런 특별한 태도를 익히는 것이다.

수양에서 익혀야 할 태도는 자기대면의 태도다. 자기대면

나의 작은 철학

처럼 수월한 것이 없을 것 같지만, 실상 그것처럼 어려운 것도 없다. 자기를 맑게 바라본다는 것, 자신을 움직이는 의미와 동기, 자신의 가치 배분, 고의나 부주의로 인해 은폐된 자신의 어떤 특징과 대면하는 능력은 그저 학습을 통해서 성취될 수 있는 것이 아니다. 무엇보다 스스로를 직시하지 않으려는 집요한 거부를 극복해야 한다.

자기직시를 거부하는 것은 정신질환자에게만 있는 증상이 아니다. 불안정한 의미에 아슬아슬하게 매달려 사는 우리 대부분은 무의미의 심연에 눈길을 주지 않으려 애쓴다. 버릴 수 없는 이익과 자존심은 그것의 크기나 정당성을 위협하는 불확실성이나 우연을 견디지 못하게 한다. 그래서 보고 싶은 것만을 보고 알고 싶은 것만을 아는 것, 진심을 숨기기 위해 수다스럽게 말하고 무관심을 노출시키지 않기 위해 축하하는 것, 비루함을 감추기 위해 화려하게 치장하고 상처를 숨기기 위해 공격하는 것이 우리네 삶의 보통 모습이다.

자기직시가 중요하다고 해서 자기대면이 그 자체로 병적인 것이 되어서는 안 된다. 위생관념이 지나치면 병이 될 수 있듯이, 자기대면도 하나의 강박이 될 수 있다. 수사관처럼 자기를 샅샅이 뒤지는 자기탐색은 위험한 자가당착이다. 그것은 가벼운 발걸음을 얻기 위한 자기대면이 아니라 스스로를 소진시키는 자신과의 끝없는 숨바꼭질일 따름이다. 언제나 자기 시야에 자신이 어른거리는 것은 병든 정신의 한 양상이다.

내 수양이 부족하니 짐작만 할 뿐이지만, 수양의 결과는 의외로 단순할 것 같다. 나를 위해서 사실을 달리 보지 않으려는 지세, 희망은 품지만 괴장하지 않는 침착함, 사랑스러운 것들이 나의 것이 아니어도 좋다는 태도, 노력하나 우연을 감내할 수 있는 용기, 무엇보다도 삶의 유한성을 직시하면서도 유쾌할 수 있는 여유 같은 것 아닐까? 수양이 뛰어나다는 사람들이 종종 그저 웃기만 하는 것은 그런 유쾌함의 표시일 것이다.

양심에 관하여

오늘날 양심은 곤경에 처한 듯 보인다. 많은 '양심 자전거'가 제자리로 돌아오지 않듯이 양심은 믿을 만한 것이 아닌 것처럼 보인다. 세상에서 잘 단련된 사람들은 '믿는 것은 좋지만 감시가 더 낫다'는 견해를 밝힌다. 양심에 제기될 수 있는 혐의는 두 가지다. 하나는 자의성이고, 다른 하나는 위장된 사회권력의 성격이다. 양심은 판단하는 개인만이 접근할 수 있는 것이라고 여겨진다. 그러니 양심에 의거한다는 것은 실제로는 자신이 보고 싶은 것만을 양심이라고 여길 가능성에 노출된다. 사실 생각해보라. 양심은 도대체 어디에 있단 말인가? 양심이란 것은 결국 개인에게 저장된 규범적 판단들의 어떤 집합이 아닌가? 만일 그 집합의 설정이 개인의 권한에 달려 있다면, 양심의 자의성은 불가피해 보인다.

양심이 자의적이 아니라면 그것은 타인들이 기대하는 규범이 내재화된 것일 가능성이 크다. 이 경우 양심에 호소한다는 것은 정말 그 개인의 판단에 맡기는 것이 아니라 그에게 내재화된 규범을 '불러내는' 것이다. 양심은 권력이 개인에 대한 감시와 통제의 비용을 줄이기 위해 개인의 내부에 장착시킨 규범 칩chip에 불과한 것이 된다.

그런데 이것이 양심에 관한 우리의 막연한 이해를 제대로 개념화한 것일까? 나는 부분적으로만 그렇다고 생각한다. 양심에 대한 위와 같은 이해는 '자유'와 '규칙'에 대한 특정한 이해에 기반하고 있다. 자유는 분명 자기가 하고 싶은 것을 마음대로 하는 것이다. 그런 의미에서 나는 자유의 본령이 자의성에 있다고 여기며, 자의는 자유와 가장 먼 것이라는 고상한 자유의 형이상학에 동의하지 않는다. 그러나 사회적 의미에서의 자유는 다르다. 사회적 삶이라는 조건하에서 애초에 모든 것을 자기 마음대로 한다는 것은 불가능하다. 유의미한 자유는 사회적 삶의 조건하에서의 자유이다. 그래서 사회적 의미에서의 자유를 이야기할 때는 '규칙'의 문제를 우회할 수 없다. 타인들과의 삶은 (거의) 언제나 규칙들에 따라 조정되기 때문이다.

규칙 밖에서 살 수 없다면, 사회적 의미에서 자유롭다는 것은 내가 따르는 규칙이 '나에게 제정의 권한이 주어졌더라도 그렇게 만들었을 것으로 여겨지는 규칙'일 때다. 양심을 이런 '자유의식'과 연관시키면 양심은 위에서 언급한 자의성이나 내재화된 권력과는 다른 의미를 가질 수 있다. 양심에 호소한다는 것은 그 사람에게 '자신이 만든 규칙에 따른다면 어떻게 판단하겠는가'를 묻는 것이다.

양심을 이렇게 이해하면, 우리가 어떤 사람의 양심에 호소한다는 것은 그 사람에게 규칙에 대한 반성적 태도를 가질 수 있는 '능력과 권리'를 인정한다는 뜻이다. 반성적 판단 능력이 없는 사람에게 양심을 기대하는 것은 수취인을 잘못 정한 것이나 마찬가지다. 반대로 양심에 비추어 판단할 자격을 부여받은 사람은 자신의 삶에서 '반성적 일관성reflective consistency'을 유지해야 할 의무가 있다. 자신이 양심적인 존재임을 통용되는 규칙에 언제나 합치하는 식으로 증명할 필요는 없지만, 규칙을 어길 때는 충분한 근거 위에서 그렇게 한다는 것을 자신의 삶을 통해 장기적으로 입증해야 한다. 양심은 자연적 현상도, 초자연적 현상도 아니다. 그것은 반성적 능력을 갖춘 사람들 사이에서 통용되는 사회적 삶의 한 양식이다.

양심을 이렇게 이해하면 양심과 관련된 우리들의 경험 하나를 조금 더 잘 설명할 수 있다. 양심에 어긋나는 행위를 했을 경우 우리는 두고두고 괴롭다. 꿈에서조차 괴롭다. 왜 그런가? 만약 양심이 내재화된 사회적 권력일 따름이라면, 나는 양심에서 멀어질수록 자유롭다고 느낄 것이다. 그래서 양심의 고통은 나의 사고에 각인된 권력의 깊이를 보여주는 것이 아니다. 양심은 자신이 자유롭고 존중받을 만한 존재라는 의식과 내밀한 연관성을 가지고 있다.

자유

3
장

고독에 관하여

사치스러울 정도로 유난히 고독해 보이는 사람이 있긴 하지만, 어느 누구도 고독에서 전적으로 자유로울 수는 없다. 언뜻 스미는 한기처럼 고독은 예상치 않은 순간에 닥쳐올 수 있다. 정겨운 벗들과 즐거운 시간을 보내고 귀가하는 길에도 종종 고독은 나보다 먼저 집으로 가는 골목길을 돌아서고 있다. 무얼까, 고독의 정체는? 왜 누구도 고독에 대해 완전한 승리자가 될 수 없는 것일까?

고독은 불안처럼 현대인의 중요한 정서이지만 불안과 같은 것은 아니다. 불안은 불투명한 세계에 맞닥뜨렸을 때, 통제할 수 없는 상황에 처했을 때 생기는 정서적 상태다. 불안은 나에게 어떤 일이 닥칠지 모르기 때문에 생기는 것이다. 그에 반해 고독은 오히려 세계와 자신에 대한 인식이 진전된 뒤에야 생기는 정서적 상태다. 고독은 위로의 부재에서, 더 정확히는 위로의 불가능성에 대한 인식으로부터 생긴다. 내가 근본적으로 위로받을 수 없다는 인식은 나를 소홀히 대하는 타인을 향한 원망에서 비롯되는 것이 아니다. 오히려 그것은 내가 타인을 진정 위로할 수 없었던 데서 얻게 되는, 일종의 거울보기식 자기인식이다. 내가 타인에게 진정한 위로가 될 수 없다는 뼈아픈 인식으로부터 나 자신에게도 완전한 위로가 있을 수 없음을 감지하는 것이다.

위로가 불가능하다는 인식으로부터 생기는 고독감은 완전히 치유될 수 없는 것이지만, 그렇다고 일부 실존주의 철학자들처럼 과장할 필요도 없는 것이다. 고독을 예찬하는 사람에게는 놀랍게도, 그리고 진지하게 삶의 짐을 지고 사는 사람이 보기에는 당연하게도, 작은 위로가 오히려 큰 기쁨의 원천이 될 수 있다. 누군가로부터의 기적 같은 사랑이어야 나의 고독이 치유될 수 있다고 생각하는 것이 아니라 타인이 자신의 고단한 삶 속에서 나에게 작은 정성을 보이는 것이 기적처럼 소중하게 여겨질 때, 나는 고독으로부터 벗어날 수 있다.

그렇다고 고독을 이기는 것이 인식과 개인적 수양의 문제만은 아니다. 작은 위로를 주고받는 것마저 너무 힘겹게 만드는 사회적 조건이 바뀌지 않는다면, 그리고 공동으로 창출하고 보전할 가치와 의미를 풍요롭게 만들지 않는다면, 위로는 희소할 뿐만 아니라 언제나 임시방편일 뿐이다. 위로는 끊임없이 새로 써야 하는 임시방편이 아니라 더 나은 삶으로의 징검다리여야 한다.

신의 절대적 사랑을 희구하거나 타인에게 자신을 병합시켜 고독을 이기는 방법은 추천하고 싶지 않다. 세계에 대한

나의 작은 철학

지식을 가리거나 자율성을 포기함으로써 얻는 위로는 성숙한 인간이 추구할 바가 아니다.

우울에 관하여

〈서른 즈음에〉란 노래는 마흔을 넘어서도 부른다. 분위기는 우울함이다. 지독한 우울 자살마저 생각하게 하는 우울, 그것은 어디서 오는 것일까? 나 스스로 이 물음에 대한 답이 필요해서 뒤적이다가 프로이트Sigmund Freud의 견해를 흥미롭게 읽었다.

　프로이트는 '우울'을 '애도'와 비교하면서 설명한다. 그의 말에 따르면 애도와 우울, 모두 애정('리비도'를 그냥 이렇게 부르자)이 향하던 대상을 잃은 데서 비롯된 것이다. 그러나 애도와 우울은 몇 가지 중요한 차이점을 보인다. 애도는 애정을 쏟았던 대상의 상실(가령, 사랑하는 사람의 죽음)을 점차 현실로 받아들이는 과정이다. 죽은 이를 떠올리는 유품이나 흔적, 기억들 하나하나가 슬픔을 가져오는데, 애도는 그런 것들을 통해서 더 이상 그가 존재하지 않는다는 것을 아프게 인식해가는 과정이다. 프로이트의 용어로 말하자면 애도는 '현실원칙'의 수용 과정이다. 이것을 직감적으로 아는 사람들은 위로와 격려의 의미에서 "죽은 사람은 죽은 사람이고……"라고 노골적으로 말하는 것이다. 애도의 끝은 자신의 살아 있음을 긍정하는 것이다. 즉, 애도의 끝은 기쁨이다. 나는 존재한다는 확인이다. 누군가의 죽음이 헛되지 않도록 잘 살아야겠다는 결심도 그런 확인이다.

우울도 애정의 대상이 상실되어 생기는 감정인데, 애도와는 확연히 다른 점들이 있다. 애도는 사랑하는 대상의 죽음이나 소멸 때문에 비롯되는 것인 반면, 우울은 그 대상이 완전히 소멸한 것이 아닌데 그로부터 나의 애정을 분리해야 하는 상황에서 발생하는 경우가 많다. '죽은' 애인은 '애도'하게 하고, '떠나간' 애인은 '우울'하게 하는 것이다. 빛나는 청년기는 지나갔지만 중장년, 노년도 나름대로의 삶이 있다고 생각하는 사람은 명랑함을 찾을 것이지만, 지나간 청춘에 이루려던 꿈이 자꾸 멀어져 간다고 느끼는 사람이라면 우울할 것이다. '서른 즈음에' 느끼는 우울은 그런 것이 아닐까?

자신이 무엇을 상실했는지를 의식하는 우울은 그래도 벗어날 수 있는 우울이다. 그러나 벗어나기 힘든, 지독한 우울은 상실된 대상이 무엇인지 분명히 의식되지 않는 경우다. 잃어버린 것이 무엇인지 분명히 의식하지 못하기 때문에 상실을 인식시키는 현실 원칙이 작동하지 않는다. 그러니 상실의 심연에서 헤어나기 힘들다. 상실된 대상에서 애정을 철수하여 다른 대상으로 옮겨가야 하는데, 자꾸 빈자리를 맴도는 것이다. 그것도 애정의 대부분이 그럴 경우, 삶의 다른 것에 재미를 느낄 수 없다. 이것이 지독한 우울이다.

프로이트다운 해석인데, 애정의 철수가 대상의 소멸을 통해 강제된 것이 아니라 정확히 파악되지 않은 다른 이유에 의한 것일 경우, 애정의 대상이 자신의 자아 한 부분으로 치환되는 경향이 있다고 한다. 프로이트는 심한 자책 같은 데서 그것을 읽어낸다. 스스로 자기를 책망한다는 것은 무슨 뜻인가? 책망하는 자신과 책망을 당하는 자신은 어떤 관계인가? 프로이트에 의하면, 그것은 자아의 애정이 향해졌던 대상이 자아 속으로 들어왔기 때문에 생기는 현상이다. 외양상 상실되었으면서도 실제로는 자아의 다른 모습으로 치환되어 무의식에 현존하는 애정 대상과 그것을 가질 수 없었던 자아 사이의 갈등이라는 것이다. 연인이 떠났을 때, 내가 못나서 상대가 떠났다는 '자책'에서 헤어나지 못하는 경우가 여기에 해당된다. 물론 우울은 그런 원인을 모른 채 그저 막연한 자책에 시달리는 상태다. 자아는 자책 대신 자기방어적으로 심한 증오감에 휩싸일 수도 있다. 내가 못나서 연인이 떠난 게 아니라 '떠나간 놈이 나쁜 놈'이라는 식이다. 다만 이것 역시 헤어나지 못하는 자책의 경우처럼 명확하게 원인을 알지 못한 채 막연히 증오감에 시달리는 것이다. 우울은 자주 자책과 증오감으로 번갈아 나타날 수 있다.

무엇일까? 이미 상실했는데 그 상실을 수용하지 못해서 내 삶의 다른 재미들까지 잃어버리게 만드는 것은? 답의 윤곽은 조금씩 드러나는데, 우울은 좀체 사라지지 않는다.

자기존중과 타인존중

윤리학자들에게 타인존중의 필요성을 정당화하는 것은 아주 중요한 과제다. 물론 존중의 필요성이 정당화된다고 해서 윤리적인 문제가 다 해결되는 것은 아니다. 존중의 방식을 결정하는 것 역시 쉬운 일이 아니기 때문이다.

흔히 인간은 근본적으로 이기적이기에 자기 자신을 존중하는 것은 당연하고, 다만 어떻게 타인을 존중하게 되는가에 대해서는 설명이 필요하다고 간주된다. 그러나 발생적으로 보면 자기존중보다 타인존중이 먼저다. 아이들의 도덕적 능력의 발달 과정을 보면 자기 자신을 존중한 후 타인을 존중하기 시작하는 것이 아니라 자기 주변의 어떤 인물을 존중하는 것을 먼저 배운다. 그다음에 자신을 그들과 다르지 않은 존재로 인식함으로써 자신에 대한 존중감을 갖게 된다. 반대로 자신이 존중하는 사람과 자신을 대등한 존재로 동일시하는 데 성공하지 못하면 자기존중감을 갖는 데 실패한다. 프로이트 식으로 말하면, 가부장 사회에서는 존중받는 인물은 남성인 경우가 많은데, 여성들은 그런 인물과 자신을 동일시하는 체험을 하지 못함으로써 자기존중감을 발달시키는 데 어려움을 겪는다.

주의할 점은 자기존중 이전에 타인존중을 배우는 것이 반드시 처벌이 두렵거나, 혹은 그 개인으로부터 직접 받는 이익 때문이 아니라는 것이다. 아이들에게 존중받는 인물은 일단 모범이 되는 인물이다. 그리고 그런 인물로부터 동일한 가치를 갖는 존재로 인정받을 때 비로소 자기존중감을 갖게 되는 것이다. 그러니까 자존감은 자기탐닉과 거리가 멀다. 자기탐닉은 타인존중의 과정을 제대로 거치지 못함으로써 생겨난다.

타인존중이 자기존중보다 발생적으로 먼저라고 해서 자기존중을 하는 자는 문제없이 타인존중을 잘하고 있다는 말은 아니다. 존중받을 타인들과 다름없는 인물로 자신을 여기는 것, 'one of them'으로 여기는 것은 제한된 범위의 인간관계에서 성취된 도덕적 능력이다. 그래서 이런 자기존중은 다른 대상, 즉 다른 공동체의 구성원이나 혹은 같은 공동체의 구성원이라 하더라도 가치가 적은 존재로 분류된 사람들에 대한 존중으로 자연스럽게 확장되지 않는다. 낯선 자, 타인을 'one of us'로 인식하고 인정하는 과정이 필요하다. 그러기 위해서는 존중의 근거가 충분히 추상적이어야 한다. 성, 인종, 경제적 지위에 관계없이 인간 모두를 동등하게 존중받아야 하는 존재로 여기는 데까지 발전하기 위해서는 커뮤니케이션의 확장, 존중의 근거를 둘러싼 치열한 정치적·문화적 투쟁, 상상력의 발전 과정이 필요하다.

아무튼 내가 여기서 말하려는 것은 자기존중을 이기적 성향으로부터 직접 도출하고 타인존중의 필요성 역시 결국 장기적 안목에서 행사되는 이기심으로부터 설명될 수 있다고 자신하는 입장이 별로 설득력이 없다는 사실이다. 존중의 문제에서는 자신을 'one of them'으로, 그리고 타인을 'one of us'로 인식하고 인정하는 능력이 핵심이다. 자연적 동정심을 타인존중의 기원으로 설명하는 입장은 타인을 'someone like me'로 여기는 것을 존중심의 출발점으로 본다. 하지만 널리 퍼진 이런 견해는 근본적으로 이기심의 통제에서 존중의 능력이 형성된다는 점을 간과하는 것이다. 존중심은 결코 쉽게 얻어지는 자질이 아니다. 이런 사실은 역사를 통해서도 확인할 수 있다. 인류의 삶을 보면, 동정을 받아야 할 사람이 더 큰 박해를 받아온 일이 너무 많지 않은가?

위로에 관하여
- 영화 〈외침과 속삭임〉

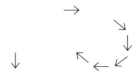

인간적인 성숙의 기준은 무엇일까? 여러 가지가 있겠지만 그 중 하나는 위로가 필요한 사람에게 위로를 줄 수 있는 능력이 아닐까? 그러나 조심하자. 이런 성숙함의 기준은 거의 비현실적이다. 그것은 어릴 적 한없는 보살핌을 주었던 사람에 대한 기억이 작용하여 성립된 상상적 기준일 뿐, 실제 다른 사람들과의 경험에서 나온 기준이 아니다. 이 점을 알아야 비로소 보이는 것이 위로다.

위로의 갈구는 종종 바로 그것을 얻을 수 있으리라 기대했던 사람이나 상황에서 배반당한다. 위로받을 필요는 절실하지만 위로를 주는 것은 그런 절실한 필요가 아니기 때문이다. 그러니 위로를 주고받는 것은 거의 언제나 어긋나게 되어있다. 위로를 찾는 나의 목소리, 눈빛은 상대의 무관심에 부딪히고, 내가 가장 약한 모습을 보였을 때 받은 상처는 오래 기억된다. 그런 기억은 마음속에 일종의 복수심으로 자리 잡아, 타인이 나에게서 위안을 구할 때 야멸차게 대하게 한다.

나의 작은 철학

내가 위로받지 못한 이 세상에 내가 위로를 주어야 할 이유는 없으니까. 좌절된 위로는 다른 위로를 좌절시킴으로써 스스로를 위로한다.

잉마르 베리만Ingmar Bergman은 위로의 어긋남이라는 주제를 천진한 어린 시절을 함께한 자매들의 '외침과 속삭임'을 통해서 절묘하게 보여준다. 자신의 자매에게 가장 위로가 필요한 시기에 가장 냉정하게 대하고, 그 자신이 위로를 구할 때 역시 냉정하게 거절을 당하는 계속적인 어긋남은 성격이 이상한 자매들의 이야기가 아니라 가장 가깝고 예의 바른 사람들 사이에서 펼쳐지는 현실적 드라마다. 그런 어긋남의 근본적인 이유는 무엇일까? 어릴 적 어머니에 대한 기억이 작용해서 기대할 수 없는 위로를 바라기 때문일까? 아니면 인간의 약한 점을 보듬기보다는 그것을 은폐하고 경멸함으로써 자율과 자립을 성립시켜온 부르주아 문화의 이중성 때문일까? 영화는 두 가지 모두를 말하고 있는 듯하다.

위로의 부재, 그것은 우리가 위로의 능력을 갖기 위해 제일 먼저 인식해야 할 삶의 진실인지도 모른다. 거기서부터 시작해야 위로할 수 있는 능력, 위로받을 능력을 획득하게 되는가 보다. 누구에게도 위로를 기대하기 힘든 처지의 하녀 안나가 결국 유일하게 위로를 줄 수 있는 능력을 가진 자로, 위로함으로써 위로를 받는 자로 그려지는 것은 그런 점을 시사한다.

인식의 구토

구토는 몸에서 정상적인 소화 경로를 통해 처리할 수 없는 물질을 다시 토해내는 신체적 반발 방식이다. 그래서 구토는 의식적 통제가 어렵다. 잠시 미룰 수는 있어도 토할 것은 토해야 한다. 지식이나 감성에서도 신체적 구토와 유사한 증세가 유발될 수 있다.

물론 모든 지식과 감성이 그런 것은 아니다. 어떤 지식이나 감성이 우리 자신과 하나가 되었을 때, 즉 이미 우리 자신의 정체성을 형성하고 있는 경우에는 그것과 도저히 공존할 수 없는 것을 접하거나 삼켜야 하면, 어느 순간 모든 것들을 무조건 밖으로 밀어내고자 한다. 구토하면 비참한 느낌이 들지만, 그래도 그게 자신을 지키는 최후의 수단이다. 사르트르 Jean-Paul Sartre의 작품 《구토》의 주인공은 자신과 세계가 의미와 목적으로 충만한 것으로 알았다가 그 모든 것을 무의미와 우연으로 경험하면서 구토를 느낀다.

실존적 구토는 어떤 지식이나 정서의 진정성을 가장 극

적으로 드러내는 방식이다. 자신의 지식이나 이념, 정서에 어긋나는 것들에 대하여 구토를 일으킬 수 있는 사람은 진정 그 지식, 그 이념, 그 정서의 소유자로 비친다. 그래서일까, 연출된 구토도 있다. 아니, 많은 경우 구토는 연출된다.

구토의 연출은 내로라하는 작가나 평론가들에서 종종 볼 수 있다. 존경받는 작가나 평론가의 반열에 올라선 그들의 눈에는 갈수록 제대로 된 소설, 제대로 된 시, 제대로 된 그림이 없다. 다른 사람들이 작가랍시고 쓴 글이나 그린 그림은 값싼 정서를 조잡스럽게 표현한 것으로 보인다.

구토는 지식인이 지식 권력을 독점하는 중요한 방법이다. 구토할 수 있는 자만이 진정으로 이념과 지식의 소유권을 주장할 수 있기 때문이다. 그들의 은폐된 진짜 관심은 권력이기 때문에, 싸구려 소비자들의 행복을 견딜 수 없어 한다. 싸구려 소비자들은 저주를 받아야 한다. 싸구려 생산자도 저주를 받아야 한다. 그러나 막상 사람들에게 싸구려만을 안기는, 즉 사람들이 고급 문화를 향유할 기회를 원천적으로 차단하는 배후의 사회권력에 대해서는 오히려 관대하다. 이 배후의 진짜 권력자들이 가끔 후원자 역할만 해준다면 말이다.

진정한 실존의 감정으로 인해 구토하는 지식인과 예술가는 소박한 이들의 행복을 경멸하지 않는다. 그들은 오히려 그런 행복을 부러워하면서도 자기의 것으로는 할 수 없는 사람들이다. 정주민을 부러워하면서도 정주하지 못하는 유목민처럼 말이다. 그들에게 구토는 그야말로 고통, 그 이상도 그

이하도 아니다.

내가 '인식의 구토'란 표현을 빌어온 토마스 만Thomas Mann 의 작품 《토니오 크뢰거》에서 주인공의 말 한 구절을 인용한다.

"정상적이고 단정하고 사랑스러운 것이야말로 우리들이 동경하는 나라이며, 그것이 바로 유혹적인 진부성 속에 자리 잡고 있는 삶인 것입니다. …(중략)… 세련되고 상궤를 벗어난 것, 악마적인 것을 궁극적 목표로 삼고 그것에 깊이 열중하는 자는 아직 예술가라 할 수 없습니다. 악의 없고 단순하며 생 동하는 것에 대한 동경을 모르는 자, 약간의 우정, 헌신, 친밀 감, 그리고 인간적인 행복에 대한 동경을 모르는 자는 아직 예술가가 아닙니다. 평범성이 주는 온갖 열락悅樂을 향한 은 밀하고 애타는 동경을 알아야 한단 말입니다."

노인살해*

나는 인류 최초의 지배 형태가 제론토크라시gerontocracy, 노인지배라는 이론을 믿는다. 기록 매체가 없는 여건에서 사회적 기억의 유일한 저장고인 노인들은 그 자체가 사회이고, 권력일 수밖에 없었을 것이다. 지식과 저장 매체의 발전과 함께 노인들의 위상에 균열이 생겼으나, 금세 무너지진 않았다. 사회적 기억 담당자로서의 강력한 문화적 각인뿐만 아니라, 양육과 사회화 과정에서 부모가 가졌던 절대적 우위로 인해 노인들의 그러한 권력적 지위에 대한 기억은 계속 호출되었다. 그럼에도 노인의 지위가 약화될 수밖에 없었음은 분명하다.

지식과 저장 매체의 발달이 노인을 서서히 살해해왔다면, 영상 매체의 발달은 노인살해의 완결을 이끌고 있다. 영상의 극적 사실성과 연출성, 무소부재성無所不在性 덕에, 사람들은 젊고 아름다운 몸의 이미지에 완전히 포박되어 살고 있다. 늙

---

* 미발표 원고, 2014.

은 몸은 이제 완전히 무관심의 대상이다. 지하철에서 사람들의 눈길을 관찰해보면, 늙은 몸을 스쳐가는 눈길이 무심이면 다행이고, 보통은 길가의 종량제 쓰레기봉투 보듯 한다. 이런 의미에서 노인의 몸은 사회적으로 철저히 살해되었다. 이미 죽은 지 오래기에, 실제의 죽음은 아무런 극적 슬픔을 더해주지 않는다.

여기서 지독히 어려운 딜레마가 생겨난다. 이미 사회적으로 죽은 몸이 아직 생물학적으로는 살 날이 아주 많이 남아 있다는 점이다. 이 부담을 각각의 젊은이들은 어떻게 질 것이며 노인인 당사자는 어떻게 질 것인지가 문제다. 말하자면, 살아서 맞이해야 하는 긴 죽음을 어떻게 처리해야 하는가? 이런 사실을 직시하면, 과연 나이와 몸에 대한 발상의 전환이 일어날 수 있을까?

사유와 외출

신체가 외출을 필요로 한다는 것은 두말할 나위가 없다. 바깥 바람을 쐬지 않는 신체는 무기력하다. 신체만큼이나, 아니 신체보다도 더, 우리의 사유도 외출을 필요로 한다. 외출이 없는 사유는 실내에서 건조된 빨래처럼 눅눅하고 경쾌하지 못하다.

외출이란 새로운 자극에 자신을 노출시키는 것이다. 그래서 외출은 확장된 실내를 걷는 것과 다르다. 200평 아파트를 지어놓고 안에서 외투 입고 산책을 한들 그것은 외출일 수 없다. 바깥에서 새로 돋아나는 식물도 보고 언뜻 느껴지는 먼 향기를 느끼며, 혹은 불쾌한 일을 겪기도 하는 것이 외출이다. 외출이란 내가 완전히 통제할 수 없는 환경 속으로 들어가는 것이다. 그렇다고 모험 동산에 들어가는 것이 외출은 아니다. 나에게 오는 자극이 누군가에 의해 완전히 계산되고 조작된 상황 속으로 들어가는 것은 일종의 메조히즘적 오락일 따름이다. 누구에 의해서도 완전히 조작되지 않은 환경 속으로 들어가는 것이라고 해서 외출이 순전히 우연에 자신을 맡기는 것은 아니다. 귀환을 염두에 두고 있다는 점에서 외출은 탈출도, 일탈도 아니다. 외출은 돌아오고 싶은 곳이 있는 사람에게, 돌아갈 곳이 있는 사람에게만 의미 있는 행위다.

그렇다면 사유의 외출은 혹시 잘못 결합된 말이 아닐까? 사유는 바깥이 아니라 안에서 하는 것 아닌가? 바깥으로 쏘다니는 사람은 오히려 사유할 여유가 없지 않은가? 맞는 말이다. 끊임없이 자극에 노출된 사람은 사유할 수 없다. 사유는 돌아와서 자극을 되새기고 정리하면서 하는 것이다. 그런 시간을 갖지 않는 사람은 사유할 수 없다. 그러나 되새기고 정리해야 할 자극이 없다면 내용 있는 사유가 이루어질 수 없다는 것도 사실이다. 사유의 외출이란 다른 생각, 새로운 경험, 낯선 스타일의 자극에 자신을 노출시키는 것이다.

내가 사유의 외출을 강조하는 이유는 우리의 사유가 의외로 수동적이며 창조적이지 않다는 판단 때문이다. 물론 내가 사유의 능동성과 창조성을 아예 부정하려는 것은 전혀 아니다. 그러나 사유의 창조성이란 대부분 모순되는 경험, 자극을 정리하는 데서 생겨나는 것이다. 그런 경험과 자극은 스스로 만들어낼 수 있는 것이 아니다. 새로운 경험과 자극에 개방되지 않는 사고는 창백하거나 고집스럽다.

혹 답답하거든, 그 답답함의 정체가 사유의 외출이 부족한데서 기인한 것일 수 있다. 사유에게도 외출을 시키자.

나의 작은 철학

저항과 용기의 차이

문득 저항과 용기가 같은 뜻이 아닌데 우리가 (특히 내가) 그 차이를 잘 이해하지 못한다는 생각이 들었다. 저항은 견딜 수 없는 상황에 대한 반발이다. 그래서 저항은 누구나 할 수 있는 것이다. 견딜 수 없는 지점이 서로 다를 뿐이다. 저항은 폭발적으로 시작해서 싱겁게 끝나는 경우가 많다. 저항은 대개 견딜 수 없는 상황이 지나가면 같이 사라지기 마련이다. 저항은 가르치지 않아도 될지 모르겠다. 저항은 잘 따져보지 않아도 할 수 있다. 우리에게 저항 정신을 가르친 스승은 차근차근 우리를 설득한 사람이 아니라 견딜 수 없는 권위주의였다.

용기는 옳은 것에 대한 확신 때문에 어려움을 감수하는 태도라고 생각한다. 용기를 갖기 위해서는 판단력과 판단에 따라 행동하는 의지가 필요하다. 그런데 용기는 적당히 어린 시절에 배워야 하는 것 같다. 어른이나 또래에게 자신의 의견을 말하고 가끔은 좋은 생각이라고 인정받는 것이 용기를 기르는 데 가장 좋은 길이라고 생각한다.

사실 용기를 가르치는 것은 보통 아이를 기를 때 어른이면 거의 누구나 어느 정도는 하는 것이다. 어른이 아이와 놀아주면서 아이에게 일부러 져줄 때 아이가 기뻐하는 것은 그 아이가 단순히 현실감이 부족해서가 아니다. 그 기쁨의 원천은 자신의 의지를 관철했다는 느낌, 그리고 두려움에 맞서 자신을 잃지 않았다는 느낌 때문이다. 우리는 그렇게 용기를 기르는 일을 신체에 관련해서만 (그것도 물론 남아들에게만) 하였을 뿐, 우리의 판단력과 의지력에 대해서는 별로 열심이지 않았던 것 같다.

자신의 판단에 대해 조심스럽게 인정을 구하고 자신이 옳다고 여기는 것을 지속적으로 추구해가는 용기가 우리에게 많이 부족한 것 같다. 그래서 그렇게 많은 지식을 가지고도 그냥 적당히 살아가고 있는지도 모른다.

돌아보니 우리가 풍부하게 가진 것은 용기가 아니라 저항 정신이었다. 그래서 그 정열적인 몸짓들이 자꾸 흔적 없이 사라지는 모양이다.

삶, 연출할 것인가 실험할 것인가

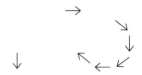

삶은 개개인들이 만들어가는 작품이다. 다만 보통 작품과 달리 지우거나 버리고 다시 시작할 기회가 별로 없다. 이런 생각은 철학하는 사람이 아니라도 누구나 하는 것 같다. 그런데 삶이라는 작품을 아름답게 만들기 위해 노력하는 것이 그리 쉬운 일은 아니다. 그래도 나중에 자신의 초라한 모습을 대면할까 봐 두렵기는 하다. 오늘날은 우리의 이런 불안정한 마음을 겨냥한 사업도 발달해 있다.

내가 사는 춘천 근처의 경치 좋은 곳에 가면 어김없이 결혼식 전에 행복한 모습을 사진으로 남기는 모습을 목격한다. 그것은 삶이 연출임을 적나라하게 보여주는 현장이다. 신부가 이동할 때면 웨딩드레스가 더럽혀질까 봐 보조원이 뒤에서 받쳐 들고 가는데, 밑으로 신부의 청바지가 보인다. 이런 우스꽝스러운 장면은 잊혀질 것이고 연출된 사진만 남는 것이니 무슨 상관이겠는가.

연출도 물론 쉬운 일이 아니다. 그러나 연출은 연출이다.

남들도 그렇지만 무엇보다 자기 자신을 속일 수 없다. 드레스 속에 입은 청바지가, 연출의 비진정성非眞正性이, 완전히 잊히지는 않는다. 연출의 그런 허구성을 잊기 위해서 우리는 더욱 연출에 몰두한다. 정말 화려한 연출을 해야 우리는 그런 연출의 허망함을 잊을 수 있기 때문이다.

그렇게 산다고 무슨 큰 문제가 있는 것은 아니다. 그러나 좀 고지식하고 영상 시대에 뒤처진 나는 화려한 연출보다 소박하더라도 진지한 실험을 더 중요하게 생각한다. "이게 나의 사진이다"가 아니라 "이것이 나의 삶이다"라고 말할 수 있는 부분이 내게는 더 중요하다.

나는 약점 있는 사람이 좋다

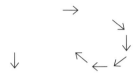

나는 약점 있는 사람을 좋아한다. 정확히 말하자면, 자신이 약점을 가지고 있다는 사실을 알고 있는 사람을 좋아한다. 나의 이런 선호는 사람을 네 부류로 나누는 것에서 출발한다.

    ① 강점을 가지되 그것을 아는 사람
    ② 강점을 가지되 그것을 모르는 사람
    ③ 약점을 가지되 그것을 모르는 사람
    ④ 약점을 가지되 그것을 아는 사람

    이것이 나의 분류법이다. 감히 사상의학이나 네 가지 혈액형과 견줄 수 있을 권위나 보편성을 주장하는 것은 아니니 분류의 과학적 근거는 따지지 마시라. 그야말로 재미로 하는 주먹구구식 분류다.
    ①의 부류는 좀 부담스럽다. 자칫 권력을 요구할 수 있기 때문이다. 특히 자신의 강점을 자신의 이익을 위해 활용하려

들 경우, 겁이 나기도 한다. 물론 나쁘다는 것은 아니다. 현대를 살아나가는 데 가장 경쟁력 있는 인물 유형일지도 모른다.

②의 부류는 좀 이상한 비유지만, 우라늄 같은 인물이라고 하겠다. 제 자신이 얼마나 큰 에너지를 가지고 있는지 모르고 있어서 내가 그 혜택을 톡톡히 누리지만, 오래 그 혜택을 누리다 보면 방사능에 노출된 것처럼 나만의 생산력을 잃어버린다.

③의 부류는 나름대로 행복하게 살지는 모르지만, 주변 사람이 힘들다. 희생정신이 별로 없는 나로서는 경계 대상이다.

④의 부류는 앞서 밝혔듯 내가 가장 좋아하는 유형의 사람이다. 그 이유가 부담이 적어서냐고? 그런 점이 아주 없지는 않지만 그것은 중요한 이유가 아니다. 자신의 약점을 아는 사람들은 자신의 방식으로 세상과 끊임없이 공명한다. 당연한 듯한 관습이, 무심한 듯한 세상의 흐름이, 심지어 공정한 듯한 윤리와 제도조차도 번뇌와 고통의 원인일 수 있음을 보여준다. 이 사람들은 세계의 사건을 인간적인 의미로 변환시켜주는 가장 예민한 지진계seismograph 같은 존재다. 흐린 눈과 무딘 감각을 가진 나는 이 사람들의 외침 속에서 비로소 세상의 어떤 측면에 주목하게 된다. ④의 부류에 속한 사람들은 스스로는 비바람을 맞으면서, 폭풍우 치는 세상을 내다볼 수 있게 해주는 창문과 같은 존재다.

사실 '좋아한다'는 표현은 적절하지 않은 것 같은데, 달리 마땅한 표현을 모르겠다. 내가 말하고 싶었던 것은 ④의 부류가 바로 우리를 당연함에 안주하지 않게 만드는 존재들이라는 것, 그리고 의미를 따지는 인문학자로서 가장 주목하고 감사해야 할 사람들이라는 사실이다. 그들을 바라보지 않는 인문학자는 초점 없는 눈을 가졌거나 스스로를 맹안盲眼으로 만들었다고 하겠다.

사랑? 자유의 문턱에서

다행스럽게도 나는 적당한 때 낭만적 사랑을 버렸다. 나의 애정과 상대의 반응 사이의 수수께끼 같은 불균형에 시달리며 불면의 밤을 보내는 것은 이제 사랑의 본모습이 아니게 되었다. 그런 사랑이 지나간 것에 대한 아쉬움도 없다. 낭만적 사랑은 내 환영幻影의 투영이었다. 그리고 '구속은 사랑의 그림자'라는 그럴듯한 변증법은 그런 환영의 정당화일 따름이었다. 낭만적 사랑을 버리니 자유가 보인다.

　사랑은 그(녀)의 광휘 아래 행복하고자 함이 아니라고 생각하게 되었다. 다른 사람보다 먼저 손을 뻗쳐 미끈한 몸과 단단한 정신의 소유자를 겨우 만져나 보려고 애태우지 않는다. 그보다는 상처에 새살 돋게 하는 사랑이 좋다. 이벤트로 확인하고 금박으로 수놓아 기억하는 사랑이 아니라 안온한 사랑이 좋다. 생활인 줄 알았는데 사랑이었던, 그런 사랑이 좋다. 사랑이란 단어를 잘 사용할 줄 모르는 사랑이 좋다. 나를 기쁨으로 채우고, 너를 성장시키며, 세상에 의미 한 조각을 보태는 사랑이 좋다.

기다리고 안타까워만 하는 사랑이여, 잘 지나갔다. 젊음을 바쳤어야만 얻는 깨달음이라면, 값비싼 수업료이긴 하지만 반환 요청은 하지 않겠다.

친구*

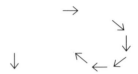

한 사람의 도덕성은 그가 무엇을 싫어하는지에서, 그리고 창의성은 그가 무엇을 좋아하는지에서 드러난다. 싫어함만 비슷하면 동지가, 좋아함만 비슷하면 동호인이 될 뿐이다. 싫어하고 좋아함이 비슷하면 좋은 친구가 될 수 있다.

나는 잠깐 함께 분노하고, 그보단 길게 즐거운 얘기를 나누고, 그 후엔 제법 긴 침묵도 어색하지 않게 같이 한잔할 수 있는 친구가 좋다.

---

* 페이스북, 2013.

4장

사회

말과 힘

힘 있는 말이 있고, 힘 쓰는 말이 있다. 힘 있는 말이란 듣는 이를 설복시키는 말이다. 힘 쓰는 말은 듣는 이를 두렵게 하는 말이다. 힘 있는 말을 하는 사람은 말을 통해서 비로소 힘을 얻지만, 힘 쓰는 사람에게 말은 자신의 힘을 내보이는 수단이다. 힘 있는 말에는 말하는 사람의 존경할 만한 인품이 배어 있지만, 힘 쓰는 말을 하는 사람은 누가 힘을 가진 자이고 누가 복종해야 하는 자인지를 말로써 보여주고자 한다. 그래서 힘 쓰는 사람은 말끝에 으레 자신의 말을 따르지 않으면 불이익을 받을 것이라는 위협을 덧붙이기 마련이다. 신채호 선생의 말이 힘 있는 말이라면, 서슬 퍼런 긴급조치령 같은 것은 힘 쓰는 말이다.

힘 쓰는 말을 하는 사람은 다른 사람들 앞에서 하고 싶은 말을 일방적으로 할 수 있는 특권을 갖는 사람이다. 하고자 하는 말을 자신이 원하는 시점에 얼마나 많은 사람들 앞에서, 또는 얼마나 많은 영향력을 가진 매체를 통해서 할 수 있는가에 따라 한 사람 또는 한 집단의 권력의 크기를 측정할 수 있다는 주장은 설득력이 있다. 원하는 말을 원하는 장소나 매체를 통해 자유롭게 말할 수 있는 특권은 보통 사람들의 경우 테러리스트가 되거나 정신질환을 가진 상태에서나 누릴 수 있는 특권이다.

힘 쓰는 말과 가장 멀어야 할 것이 철학이다. 철학은 말의 힘 이외의 어떤 힘에도 의존해서는 안 된다. 그래서 철학은 비판 정신을 핵심으로 하며 지배욕에 대해 적대적이어야 한다. 그런데 철학이 슬그머니 고집과 같은 의미가 되어버렸다. 누가 "이것은 내 철학이야"라고 말하면 그것은 더 이상 따지고 들지 말라는 뜻이다. 그것이 자신의 양심과 신념에 대한 자유를 청원하는 것이라면 무해하다. 그런데 힘을 가진 자가 철학을 이처럼 이해하는 것은 곤란하다. 힘을 가진 자가 자신의 철학을 내세울 때는 '자신의 말에 더 이상 이의를 제기하거나 토론하지 말라'는 뜻일 경우가 많다. 그것은 때때로 가장 중요한 문제를 비판적 토론에서 제외하는 결과를 가져온다. 또 그것은 자신의 고집으로 진행한 일이 잘못되어도 면책특권을 누리겠다는 뜻이기도 하다. 정권의 잘못을 물으면 통치철학과 통치권의 문제였다고 버티는 것이 바로 그런 오만의 표현이다. 물론 힘 쓰는 사람에게도 자신의 신념을 말할 자유가 있다. 하지만 힘 있는 사람일수록 힘 넣은 말을 삼가고 말의 힘에 의존해야만 오래도록 존경받을 수 있다.

비밀

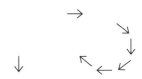

1.

비밀이 공개되면서 커다란 정치적 파란이 일어나는 것은 어제오늘의 일이 아니다. 지금부터 내가 쓰려는 것은 정치평론이 아니다. 비밀이란 무엇인지를 살펴보려는 것이다.

비밀은 말 그대로 감추어진 정보다. 그런데 가치 있는 정보만 은폐되는 게 아니다. 오히려 많은 정보는 감춤으로써 비로소 가치를 획득한다. 청소년기에 친한 친구들끼리의 비밀을 생각해보자. 자신들끼리 지키기로 한 비밀을 떠올려보면 아주 사소한 것들이 대부분이다. 그러나 그것을 비밀로 여기기로 한 순간, 그 정보는 그 집단 바깥의 사람에게는 접근할수 없는 특별한 것으로 격상된다. 한편 그 비밀을 공개하는 자는 집단의 배신자가 된다. 비밀의 배타적 공유는 집단의 특권과 집단 구성원의 소속감을 형성하는 역할을 한다. 다시 한번 분명히 해두자. 이러한 비밀의 가치는 내용의 가치 때문이 아니다. 그것은 비밀이기 때문에 나타나는 효과다.

하지만 비밀은 단순히 알려지지 않은 정보 같은 것이 아니다. 우주에 관한 알려지지 않은 수많은 사실들은 비밀이 아니다. 비밀은 어느 정도 고의로 은폐된 정보다. 그래서 비밀에는 등급이 있다. 고의의 정도에 따라, 또는 접근 차단의 의지에 따라 1급 비밀에서부터 대외비까지 나뉜다. 정보를 고의로 차단할 수 있는 것은 곧 힘의 표시다. 차단된 정보에 접근할 수 있는 사람과 그렇지 않은 사람 사이에는 근본적인 힘의 불균형이 존재한다. 그런데 이런 힘의 불균형은 어디까지나 그 정보가 비밀일 경우에만 성립한다. 비밀이 아닌 어떤 정보를 모른다고 해서, 가령 어느 사람이 잠비아의 인구수를 모른다고 해서, 그것을 아는 사람 앞에서 무력감을 느낄 필요는 없다.

2.

그런데 비밀과 힘의 관련에서 '비밀의 역설'이 생겨난다. 비밀을 아는 사람이 힘을 가질 수 있는 것은 자기가 비밀을 알고 있다는 걸 남이 알 때다. 그래서 비밀을 가진 자로서 힘을 느끼려면 다른 사람들에게 자신이 비밀을 알고 있다는 것을 은근히 발설해야 한다. 비밀을 알고 있는 사람이라는 것을 다른 사람이 아는 순간, 비밀을 가진 사람은 주목을 받게 된다. 그리고 다른 사람들이 동등한 정보를 얻기 위해서는 이 사람이 입을 열 때까지 기다려야만 한다는 점에서 커다란 권력 격차가 생겨난다. 비밀을 알고 있는 사람이 견딜 수 없는 발설의 유혹을 느끼는 것은 이 때문이다. 특히 단번에 권력을 획득하거나 회복할 필요가 있는 사람에게 비밀을 발설하고 싶은 유혹은 굉장히 뿌리치기 힘들다.

아! 그러나 비밀은 역설을 넘어 종종 비극으로 치닫는다. 비밀이 공개되는 순간 권력은 비밀을 알고 있던 사람의 손을 떠나버린다. 공유된 비밀은 더 이상 비밀이 아니고, 그래서 그 정보를 가진 사람이 더 이상 우위에 설 수 없다. 그래서 비밀을 가진 자로서 권력을 누리려면 비밀은 공개되지 않아야 한다. 그런데 비밀을 가지고 있다는 선언만을 계속 반복하고 있으면, 역시 권력을 유지할 수 없다. 정말 비밀을 가지고 있음을 보여주어야 한다. 그러나 불행히도 비밀을 가지고 있다는 것을 입증할 수 있는 유일한 길은 비밀을 공개하는 것이다. 비밀로 인해 힘을 얻는 유일한 길은 결국 비밀을 공개하는 것이고, 결국 힘을 잃게 된다는 것이 비밀의 비극이다.

그런데 비밀의 비극을 벗어나는 길이 없는 것은 아니다. 두 가지 전형적인 방법만을 이야기해보겠다. 하나는 비밀을 야금야금 풀어놓는 것이다. 그러면 사람들은 비밀을 가진 자를 계속 주목하게 되고, 그가 조금씩 던져주는 정보에 목말라하게 된다. 먹이를 가진 주인에게 가축이 모여들 듯이, 그는 계속 커다란 권력을 누릴 수 있다. 단, 먹이를 한꺼번에 주지 말아야 한다는 것, 그리고 먹이가 떨어지지 않게 조절하는 것이 중요하다. 다른 한 가지 길은 비밀을 공개하는 대가로 미리 특권을 확보해두는 것이다. 엄청난 돈이나 지위, 혹은 영원한 충성 맹세 같은 걸 받아두는 것이다.

3.

치사한 인간들이 더러운 비밀을 가지고 요리조리 이익을 보는 이야기는 접어두자. 비밀을 이용하여 권력을 획득하는 방식에는 조금 더 미묘한 것도 있다. 위험을 무릅쓰고 말하자면, 전통적으로 여성들은 자신의 신체와 정서를 비밀스럽게 유지함으로써 남성들에 대하여 어떤 권력을 획득해왔다. 남자는 분명 사회적 강자지만, 여성의 신체와 정서의 비밀을 알지 못해 안달하는 동안에는 여성에 대해 어떤 면에서 약자가된다. 남자가 비밀의 문 앞에서 마침내 호기심과 욕구를 이기지 못해 공개적으로 영원한 충성 맹세를 하면, 여성들은 비밀의 권력을 이용해 사회적 권력의 불균형을 어느 정도 중화시킨 셈이다. 일단 비밀이 풀리고 비밀의 힘이 사라지면, 여러 사람 앞에서 했던 충성 맹세를 상기시키면 된다.

여기서 잠깐! 신체와 정서를 비밀스럽게 유지한다는 것을 좀 정확히 이해해야 할 필요가 있다. 그저 은폐만 해서는 비밀스럽지 않다. 없는 것은 관심을 끌지 못한다. 은폐하되 주

　　　　　　　　　　　　　　나의 작은 철학

목하게 만들어야 비밀이다. 비밀은 바로 은폐와 노출의 절묘한 조화를 통해서 성립한다. 은폐하되 주목하게 만드는 방식 중 하나가 치장이다. 비밀로 두어야 할 부분은 가리되, 치장이나 장신구로 눈길을 끄는 것이다. 물론 그것도 지나치면 비밀의 격을 낮추는 것이 된다. 너무 요란한 치장은 비밀의 전략을 너무 노골적으로 드러내는 것이고, 별로 노력을 기울이지 않아도 곧 공개될 비밀이라는 것을 암시한다. 가만두어도 공개될 비밀은 비밀로서의 값이 떨어진다. 비밀의 격을 높이는 방법은 비밀을 암시하는 매개체의 격을 높이는 것이다. 격이 높은 사신을 보내는 것이 사안의 중요성을 암시하듯이, 귀한 보석이나 보통 사람이 갖기 어려운 명품으로 치장을 하면, 그것을 가진 사람의 비밀의 격이 높은 것임을 암시한다.

포르노그래피는 비밀의 정책에 무자비하고 폭력적으로 반발하는 방식이다. 호감을 사려는 노력을 통하여 비밀과 접촉하는 것이 아니라 모든 신체와 욕구, 정서를 동질의 것으로 평균화시켜버리는 것이다. 그것은 비밀이 주는 긴장과 굴욕감을 일시에 벗어나는 해방감을 줄 수 있다. 포르노그래피를 긍정하는 사람들의 근본적인 동기는 아마 이 점에 있을 것이다. 그런데 역시 비극적이게도, 포르노그래피에 자주 노출된 사람은 차이에 대한 감각을 잊어버린다. 그에게는 모든 남자와 모든 여자가 동일하다. 그는 사방에서 너무 밝게 비치는 빛 속에 있기에 명암을 보지 못하든지, 아니면 너무 어두운 곳에 있어서 여러 가지 것들의 윤곽을 구별하지 못하는 것이다. 요즘처럼 비밀 폭로전으로 치닫는 정치도 가히 포르노그래피적 정치라고 할 수 있겠다.

비밀에는 이 외에도 많은 측면들이 있다. 그러나 이쯤 해두자. 비밀의 비밀이 다 드러나면 안 되니까. 그러나 공정성을 위해서 한 가지 비밀은 밝혀두어야겠다. 비밀에 관한 위의 이야기는 상당 부분 짐멜Georg Simmel로부터 빌린 것이다.

불가촉천민, 불가촉귀인

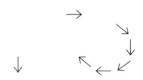

접촉은, 커뮤니케이션은 참여자들을 동급으로 만드는 경향이 있다. 그래서 정말 아무것도 공유하고 싶지 않은 상대는 비난하는 것이 아니라 아예 상대하지 않는다(그러고 보니 여야가 매일 싸우는 것은 서로 공유하고 싶은 것이 많아서 그런 것이다). 그래서 "그 사람은 아예 상대하지 말라"든가 "그 사람 얘기는 아예 꺼내지도 말라"는 것은 보통 가장 강력한 비난이다.

사람들이 절대로 아무것도 공유하지 않고자 하는 집단이 불가촉천민이다. 그런데 동일한 논리가 소위 절대자나 신에게도 해당된다. 신을 절대자로 만드는 것은 커뮤니케이션의 완전한 단절이다. 신의 이름조차 알지 못하고 부르지 못하게 하는 것, 신의 형상을 철저히 금지하는 것이 그런 전략이다. 말하자면 불가촉귀인으로 만드는 것이다. 신을 커뮤니케이션이 금지된 불가촉귀인으로 만들어놓고, 다른 한편에서 끊임없이 커뮤니케이션을 시도하는 것, 그것이 (불경한 내가 보기에는) 종교의 신경증적 구조이다.

나만 그런 건 아니겠으나, 나는 불가촉귀인 행세를 하는 사람들을 어지간히 싫어한다. 하지만 어쩌랴. 내가 그 사람들을 바꿀 수 있는 것도 아닌데. 하지만 그들을 대할 때 내 나름의 지침과 전략이 있긴 하다. 그 지침은 그들이 불가촉귀인의 지위를 유지하는 데 보탬이 되는 일을 하지 않겠다는 것이다. 내가 가지고 있는 얼마 되지 않는 사회적 자원을 그렇게 사용하지 않는 것이다. 전략은 불가촉귀인을 불가촉천민처럼 대하는 것이다. 아예 접촉하지 않으려는 나의 태도가 그 사람들에게는 나의 비사회성이나 반감, 정치적 성향 때문으로 보일지 모르지만, 사실 나는 불가촉귀인 그 자체가 싫은 것뿐이다. 불가촉귀인과 불가촉천민이 같은 논리 위에 서는 것이라면, 내가 그들을 부당하게 대우하는 것은 아닐 것이다.

타인의 삶에 어디까지 개입할 수 있는가

내가 타인의 삶에 얼마만큼 개입할 것인지, 또 나의 삶에 개입하는 타인을 얼마나 진지하게 대응할 것인지 매번 명확히 정하기는 쉽지 않다. 다만 몇 가지 원칙은 말할 수 있고, 구체적인 상황에서 그런 원칙을 상기하는 것은 판단에 보탬이 된다.

제일 먼저 고려할 사항은 내가 상대와 삶을 어느 정도 공유하는 관계인가 하는 점이다. 가령 가족이라면, 서로의 삶에 세세한 것까지 관심을 가지며 더 나은 방향으로 가도록 격려하거나 동의할 수 없는 부분은 시정하도록 노력을 기울이는 것이 당연하다. 일방의, 또는 쌍방의 깊숙한 개입이 진지하게 받아들여질 수 있는 것은 가족 관계만이 아니라 친구나 사제지간, 종교 공동체, 기타 여러 경우가 있다. 하지만 나와 삶을 깊이 공유하지 않는 사람이 나의 행위에 관여하면 견딜 수 없는 노릇이다. 지나가는 낯선 이를 붙잡고 좋은 삶을 가르치려고 한다든가, 사소한 잘못을 한 젊은이를 길게 나무라는 노인은 타인의 삶에 잘못 개입하는 것이다.

서로의 삶에 개입하는 것은 긴장을 불러일으키게 마련이다. 욕구, 정서, 판단이 언제나 같을 수 없는데 서로 개입하는 부분이 많다 보면 갈등은 불가피하다. 우리는 차라리 관여하지 않는 것이 더 나았다고 후회하는 때가 얼마나 많은가. 실제로 우리는 역설에 빠지지 않도록, 즉 타인과 삶을 공유하기 위한 노력이 오히려 서로에게 돌이킬 수 없는 상처를 주는 행위가 되지 않도록 주의해야 한다. 아쉽게도 우리는 가장 큰 행복만이 아니라 가장 쓰라린 고통도 대개 가장 깊이 삶을 공유했던 사람들과 함께 경험한다.

삶을 공유하는 사람들 사이의 개입과 시민으로서 서로를 대하는 것은 상당히 다르다. 시민으로서의 상호작용에서는 그 사람의 사적인 영역에 대해서는 관여하지 않는 것이 원칙이다. 타인의 사적인 영역에 지나친 관심을 갖지 않는 것은 시민으로서 서로에 대한 중요한 예의에 속한다. 그러나 내가 지키고자 하는 시민적 질서가 위협당했을 때, 그 질서를 지키고자 하는 것은 시민정신의 요체에 속한다. 시민적 질서를 수호하기 위해 얼마만큼 헌신적일 것인가는 본인이 판단할 문제다. 적극적인 캠페인에 나서거나 자신의 큰 희생을 감수할 수도 있고 익명의 제보 정도에 그칠 수도 있다. 심지어 외면할 수도 있다. 그러나 자신이 시민적 질서를 해침으로써 이익을 보거나 다른 사람이 시민질서를 해치는 것으로부터 이익을 보아서는 안 된다.

개입하지 말아야 할 것에 개입하면 권리침해가 되고, 개입할 수 있는 것이라도 적절한 수준을 넘어서면 일종의 후견주의paternalism가 된다. 무조건적 불간섭주의는 편리할 수 있지만 진지한 삶의 태도가 아니다. 그러면 어떻게 할 것인가? 우리에게 삶의 불확실성을 완전히 면제시켜 줄 묘법은 없다. 몇 가지 원칙에 의지하여 용기를 가지고 삶을 실험하고 성찰하여 스스로를 수정하는 것은 우리 각자의 몫이다.

개인의 자율성과 사회의 규율성*

1.

자율自律, autonomy은 문자 그대로 스스로 자신을 규율하는 것이다. '자율'에 대해 언급되기 시작한 고대 도시국가 시기에 자율권은 일차적으로 개인보다는 도시국가의 자치권에 관련된 것이었다. 자율이 개인의 자율을 의미하기도 했지만, 그것은 재산권과 참정권을 갖는 소수의 시민들에 한정된 권리였을 뿐이다. 자율이 국가나 도시의 '정치적 자치'의 의미에서 벗어나 거의 전적으로 '개인의 자기규정'의 의미로 이해되기 시작한 것은 근대사회와 더불어서다. 개인들의 자유가 확대되고 기본권이 보편화되면서 사람들은 국가나 사회, 혹은 타인으로부터의 부당한 침해에 대하여 자신의 권리를 지키는 것에 큰 관심을 갖게 되었다. 이런 의식은 특히 계몽주의 시

---

*　한국철학사상연구소, 《논리연구소》, 기고문, 1997.

대에 널리 확산되었는데, 오늘날 자율성의 의미는 주로 이 시기에 형성된 것으로서 개인적 자율의 의미로 이해된다.

개인의 자율성을 강조하는 이유는 여러 가지가 있다. 그 가운데 계몽주의 시대부터 오늘날까지 주장되는 이유를 두 가지만 들면 다음과 같다. 첫째, 인간은 이성적인 존재라는 것이다. 이 믿음에 따르면 인간은 옳고 그름의 기준을 자신의 이성에서 찾을 수 있다. 그렇기 때문에 인간은 자신이 따라야 할 규범을 스스로 제정할 능력을 가지고 있다. 이런 이성적인 인간에게는 어떠한 규범도 무조건적으로 복종하도록 강요되어선 안 된다. 인간은 자신의 이성이 내리는 명령만을 따를 때 비로소 자신의 존엄성에 걸맞게 행동하는 것이다.

개인의 자율성을 강조하는 또 다른 이유는 정치·경제적인 것이다. 사회생활을 하면서 나의 문제에 관한 판단을 타인에게 맡기는 것은 위험한 일이다. 나의 문제에 관한 판단을 전적으로 타인에게 맡겨도 좋은 경우는 오직 선하고 지혜로운 인도자를 가정할 수 있을 때, 즉 타인이 나에 대하여 언제나 선한 의도를 가지고 있으며 언제나 나보다 판단력이 뛰어날 때뿐이다. 나에 대해 선한 의도를 가지고 있지 않으면서 우월한 판단력을 가진 사람은 나에게 무척 위험한 사람일 수 있으며, 반대로 선한 의도를 가졌지만 판단력이 모자라는 사람은 나를 제대로 인도할 수 없다. 그러나 선하고 지혜로운 인도자를 가정하는 것은 어린이와 부모의 관계처럼 특수한 경우 이외에는 비현실적인 일이다. 심지어 어린이와 부모의 관계에서도 부모의 선한 의도와 우월한 판단력은 일시적으로만 가정될 수 있을 뿐이다. 어린이가 성장함에 따라 자식과 부모 사이에도 이해관계의 충돌이 생길 수 있고, 무엇보다 부모가 자식의 문제에 관하여 더 잘 판단한다는 보장도 전혀 없기 때문이다. 그래서 각 개인은 자신을 실현하고 자신의 이익을 지키기 위해서 자율적으로 판단하고 행동할 수 있어야 한다.

자율성이 인간의 존엄성과 합치하며 개인의 이익을 보호하기 위해서도 필요하다고 하지만, 개인에게 자율성을 부여하면 해결하기 어려운 문제가 발생한다. 우선 도덕적인 측면에서, 각자의 이성이 내리는 명령이 서로 충돌한다면 곧 도덕적인 갈등 상황이 펼쳐질 것이다. 내가 옳다고 판단한 것이 다른 사람에게는 그렇지 않다면, 옳고 그름에 대한 최종적인 판단을 어떻게 내릴 수 있는가? 만일 인간이 근본적으로 하나의 이성을 가지고 있다고 믿을 수 있다면 문제의 해결이 수월할지 모른다. 도덕적 갈등 상황에 처했을 때 사심私心을 버리고 이성에 호소하면 옳고 그름에 대한 명백한 답을 얻을 수 있다는 충고는 바로 모든 사람이 하나의 이성을 가졌다고 가정하는 것이다. 그러나 서로 다른 문화와 가치관을 갖는 사람들 사이에서 하나의 이성이 성립할 수 있을까? 하나의 이성에 대해 말하는 것은 오히려 문화의 다원성을 부정하고 강자의 가치관을 이성적인 것으로 만들 위험은 없을까?

자율성을 옹호하려는 사람들은 이런 문제에 대처하기 위해 여러 가지 제안을 내놓았다. 그 가운데 가장 대표적인 것이 "다른 사람이 똑같은 행위를 하더라도 네가 받아들일 용의가 있는, 그런 행위만을 너 자신도 하라"는 원칙이다. 가령 남의 물건을 훔치고 싶은 마음이 들 때 다른 사람들이 모두 도둑질을 해도 좋은지 자신에게 물어보라는 것이다. 그래서 다른 사람들, 심지어 자신에게 가장 가까운 사람들마저 자신의 물건을 훔쳐도 좋다고 생각한다면 도둑질을 해도 좋다는 것이다. 이 원칙은 철학자 칸트에 의해 도덕적 행위를 위한 가장 중요한 원칙으로 주장되었으며, 오늘날도 여러 가지 형태로 변형되어 주장되고 있다. 사실 이 원칙은 내용상으로는 전혀 새로운 것이 아니다. 그것은 "네가 남에게 대접받고 싶은 대로 너도 남을 대하라"든가 "처지를 바꾸어 놓고 생각해보라易之思之"는 등의 아주 오래된 격언들과 다르지 않다. 그만큼 이 원칙은 일찍부터 인간의 도덕적 삶을 위해 반드시 필요한 것으로 여겨져왔다.

개인의 자율성을 강조할 경우 도덕적 차원뿐 아니라 정치·경제적인 차원에서도 심각한 문제가 생길 수 있는데, 그에 대한 대처 방안은 도덕적인 문제의 경우와 약간 다르다. 만일 사람들이 각자 자신의 이익을 위해 원하는 대로 행동한다면, 곧 이해관계의 충돌이 생길 것은 명백하다. 홉스Thomas Hobbes의 유명한 '만인의 만인에 대한 투쟁'은 바로 그런 상황을 묘사하는 것이다. 이런 상황이 되면 개인은 자신의 권리를 안정적으로 향유할 수 없다. 한 사람을 다른 모든 사람들이 적대적으로 대한다면, 그 한 사람이 자기 자신을 보호한다는 것이 불가능하기 때문이다. 그래서 이해관계의 충돌이 발생할 경우 공정한 판결을 내리고 사람들이 공공의 질서를 지키도록 강제할 수 있는 제도가 반드시 필요하다. 그런데 그런 제도는 다시 사람들의 자율성을 억압하는 장치가 될 수 있지 않을까? 개인의 자유와 권리를 보호하기 위해서는 강제성을 갖는 제도가 필요하지만 제도가 자율성을 억압하는 장치가 될 수 있다면, 이 문제를 해결할 수 있는 길은 무엇인가?

자율성을 옹호하는 사람들이 이 문제에 대해 제시하는 답은 한 가지다. 바로 민주주의다. 민주주의를 자율성과 결부시켜 이해하기 위해서는 자율의 개념을 사적私的인 자율과 공적公的인 자율로 나누어 생각할 필요가 있다. 사적인 차원에서 자율이란 타인에게 피해를 주지 않는 한 본인이 원하는 것을 스스로 결정하여 행할 수 있는 자유를 말한다. 이에 반해 공적인 자율은 자신들이 따르게 될 규칙을 정하는 과정에 참여할 수 있는 권리다. 그것은 단순히 투표권에 한정되지 않는, 넓은 의미에서의 정치적 참여를 의미한다. 이런 공적인 자율성이 제대로 행사될 때 사회의 제도는 억압의 장치로 변질되지 않을 수 있다.

2.

앞에서 보았듯이 자율성의 원칙은 상당히 추상적이며 이상주의적인 경향이 있다. 그래서 그것은 현실에서 실효성을 갖기 어렵다. 그러므로 자율성의 원칙이 실효성을 획득하려면 그것을 사회적 삶의 조건에 맞게 구체화하려는 지적 노력과 동시에 사회를 자율성의 원칙에 합당하게 개선하려는 실천적 노력이 필요하다. 사상사와 사회운동사를 보면 이런 노력이 얼마나 진지하게 이루어져 왔는지를 쉽게 알 수 있는데, 오늘날도 그런 노력은 계속되고 있다. 이런 노력은 다양한 형태를 띠는데, 모두 자율성의 이념을 긍정적으로 본다는 점에서는 공통성을 갖는다.

그러나 자율성의 이념과 그에 따른 지적·실천적 노력을 비판적으로 보는 입장도 있으며, 그런 입장의 주장도 상당한 설득력을 가지고 있다. 계몽주의적 자율성에 대한 고전적인 비판은 다음과 같다. 인간의 이성과 자율성을 강조하는 것은 인간의 역사성을 고려하지 않은 것이다. 인간은 언제나 특정한 역사 속에 서 있으며, 그래서 자신의 역사에서 완전히 떠나 세계와 자신을 이해한다는 것은 불가능하다. 그러므로 인간이 순수하게 이성적이고 자율적일 수는 없다. 순수하게 이성적인 것이 실제로는 없음에도 불구하고 이성을 강조하면, 그 결과는 이성의 이름하에 어떤 부당한 억압을 행사하는 것이 될 수도 있다. 실제로 종교전쟁이나 체제 간 갈등에서처럼 신이나 정의, 이념의 이름으로 행해진 폭력이 어떤 범죄보다도 인류에게 큰 재난을 가져왔던 예가 적지 않다.

이성과 자율성을 강조하는 것이 인간의 해방이 아니라 오히려 억압을 가져올 수도 있는 역설적 상황은 사회적 차원에서뿐 아니라 개인의 차원에서도 일어날 수 있다. 이성과 자율성을 강조하는 것은 이성의 명령에 따라 우리의 욕구를 조정하는 것을 의미한다. 이것은 감성에 대해 이성의 우위를 주장하는 것으로, 자칫하면 이성이 감성을 억압하는 결과를 가져온다. 그런데 이성이 감성을 억압하면 인간은 참다운 자유를 누릴 수 없다. 참다운 자유는 이성과 감성이 조화를 이루는 상태다. 그러므로 이성에의 복종만을 강요하지 말고 감성의 권리도 존중해야 한다. 그래서 이성과 자율성을 강조하기보다는 이성과 감성의 조화를 추구해야 한다는 주장이 대두된다.

이성과 전통, 또는 이성과 감성의 조화를 말하는 입장은 그래도 이성을 인간의 해방을 위해 필요한 것으로 여긴다. 그러나 이성을 아예 지배의 다른 전략으로 여기는 입장도 있다. 개인들에게 자율성을 부여하는 것이 사실은 개인들을 통제하는 방식의 하나라는 것이다. 이런 주장은 사회에서 실제로 어떤 행동이 자율적이라고 여겨지는지를 살펴보면 상당히 설득력이 있음을 알 수 있다. 보통 어떤 사람이 자율적이라고 할 때, 그것은 그 사람이 원하는 바를 마음대로 행하는 것을 의미하지 않는다. 가령 알코올 중독자를 우리는 자율적인 사람으로 여기지 않는다. 어떤 사람이 자율적이라고 할 때, 그것은 그 사람이 도덕이나 책임, 지식, 건강, 부 등 일반적으로 가치 있다고 여겨지는 것을 실현하기 위해 스스로 자신의 욕

나의 작은 철학

구와 행동을 통제할 때다. 그렇다면 자율성은 타인과 사회가 원하는 것을 스스로 한다는 것 이상의 의미를 갖는가? 자율이란 사회 대신에 자신이 스스로를 규율하는 것에 불과한 것 아닌가?

사회가 통제의 수단으로서 억압에만 의존할 수 없고 개인에게 자율성을 부여해야 하는 이유는 부모와 어린이의 관계만 보아도 쉽게 알 수 있다. 부모는 어린 자식을 위해 정말 많은 것을 해 준다. 그러나 평생 그럴 수는 없다. 그렇게 하려면 부모는 엄청난 정신적·물질적 부담을 져야 하기 때문이다. 그래서 부모는 자식이 적절한 나이에 사회생활에 필요한 규범과 지식을 익히도록 만들어야 한다. 규범을 익히는 과정은 금지와 억압으로 시작된다. 이것은 아이가 욕망을 가지고 태어나지만 도덕을 갖추고 태어나지 않는 한 어쩔 수 없다. 그런데 강제로 무엇을 시킬 때, 그것은 강제된 사람뿐 아니라 강제하는 사람에게도 커다란 부담이 된다. 말을 잘 듣지 않는 아이와 온종일 씨름을 한 부모는 규제당하는 아이 못지않게 피곤하다. 그래도 아이가 언제나 부모의 시야에 있다면 그나마 통제하기가 쉽다. 하지만 아이가 어느 정도 성장한 다음에도 그렇게 하려면 부모는 아마 자신의 다른 활동을 상당 부분 단념해야 한다. 이런 곤란한 상황을 벗어나는 가장 좋은 방법은 아이가 스스로 사회의 규범을 지키고 필요한 학습을 하도록 하는 것이다. 아이가 자율적이 된다는 것은 이처럼 부모를 비롯한 타인이 기대하는 바를 스스로 행한다는 의미다.

부모가 아이를 자율적으로 만드는 것이 필요하듯이 사회도 개인들을 자율적으로 만들 필요가 있다. 감시와 처벌의 방법만으로는 사회가 유지되기 어렵다. 감시와 처벌은 비용이 너무 많이 드는 사회관리 방식이기 때문이다. 가령 어떤 한 사람이 보이지 않는 곳에서 범죄를 저지르는 것을 막기 위해서 그 사람을 누군가 끊임없이 감시해야 하고, 감시하는 사람 자신이 범죄자가 될 수 있으므로 그 감시자를 다른 감시자가 또 감시해야 하고, 이런 식으로 감시의 체계가 계속된다고 생각해보자. 이런 사회에서 사람들은 모두 감시자가 되어야 할 것이고 감시 활동을 위해서 다른 활동을 대부분 단념해야 할 것이다. 이런 사회는 제대로 유지될 수 없다. 이런 곤란한 상황을 피할 수 있는 가장 좋은 방법은 사람들이 감시받지 않아도 스스로 사회의 규범을 지키게 만드는 것이다. 사람들에게 자율성을 부여하는 것은 바로 사람들이 자발적으로 사회규범을 준수하게 하는 것이다.

개인의 자율성 문제를 자본주의 사회와 연결시켜, 자율성을 강조하는 것이 사실은 사람들의 소비를 부추기기 위한 전략의 하나라고 보는 입장도 있다. 사회에서 보면 사람들이 자율적으로 결정할 수 있는 것이 그렇게 많지 않다. 실제 사회적 삶에서 보면 개인에게 주어진 선택이란 주어진 과제를 열심히 하든가, 아니면 도태되는 자유다. 자신이 하고 싶은 일을 마음대로 선택하고 그 일을 실제로 할 수 있다는 의미에서의 자율성은 희귀한 것이다. 그럼에도 불구하고 자율성이 강조되는 이유는 무엇일까? 자율성을 허구로 보는 사람들은 여기에 생산자로서의 개인에게 엄격한 규율을 강조하고, 소비자로서의 개인에게 자유를 강조하는 자본주의 사회의 이중적 전략이 작용하고 있다고 본다. 개인들은 생산의 과정에서 누리지 못한 자율성을, 소비하면서 비로소 맛보는 것이다. 실제로 현대 사회에서 많은 사람들은 소비할 때 비로소 자신이 스스로 결정할 수 있는 주체임을 느낀다. 아무도 소비자에게 어떤 물건을 강제로 사도록 강요하지 않으며, 생산자와 판매자는 모두 소비자의 마음에 들기 위해 노력한다. 그래서 소비는 상품을 소비하는 행위일 뿐 아니라 자신이 자유로운 존재임을 확인하는 과정이 된다. 이런 주장에 따르면 자율성을 강조하는 것은 한편으로 생산자로서 엄격한 규율에 복종하면서, 소비자로서 자신의 소득으로 열심히 물건을 구매하도록 유도하는 전략의 하나일 뿐이다.

3.

위에 언급한 것 외에도 개인의 자율성을 유지 불가능하거나 실현 불가능한 허상으로 보는 입장은 여러 가지가 있다. 그런데 더 생각해보아야 할 것이 있다. 도대체 개인은 사회가 만들고 싶은 대로 만들어지는 것일까? 그래서 자율성이란 사회가 요구하는 규범을 스스로 지키거나, 또는 상품을 적극적으로 소비하는 것에 불과한 것일까? 개인들이 사회의 힘으로부터 자유로울 수 없고 사회에 적응해야 하는 한, 개인의 완전한 자율성이 불가능하다는 것은 분명하다. 그러나 사회가 개인을 규율하고 조종하는 것이 언제나 성공하는 깃은 아니다. 부당한 규율에 저항하는 사람도 있으며 소비를 부추기는 교묘한 전략에 넘어가지 않는 사람도 있다. 완전히 자율적인 개인도 없지만, 개인을 언제나 성공적으로 통제하고 조종하는 사회도 없다. 사회는 어떤 규율과 구조를 가지고 개인의 사고와 행동을 제약하지만 개인은 또한 주어진 조건을 변형시키기도 한다. 개인의 자율성과 사회의 규율성에 관련해서 마르크스의 다음 말을 음미할 필요가 있다.

"인간은 그 자신의 역사를 만든다. 그러나 자기 마음대로 선택한 상황하에서가 아니라 이미 있는, 주어지고 전승傳承된 상황하에서 그렇다."(카를 마르크스《루이 보나파르트의 브뤼메르 18일》중)

　　　　　　　　　　　나의 작은 철학

시민에 관하여

시민운동, 시민사회, 시민단체 등의 용어가 정치적 논의에서 차지하는 비중을 생각해보면 '시민'은 오늘날 정치철학이 탐구해야 할 가장 핵심적인 용어 가운데 하나라고 할 수 있다. 시민이란 무엇인가? 시민의 개념을 칸트의 철학을 빌어 간단히 설명하고자 한다.

칸트는 〈계몽이란 무엇인가〉에서―나는 개인적으로 이 글을 지성의 한 금자탑이라고 여긴다―계몽을 위해서는 이성의 '공적 사용'에 아무런 제한이 가해져서는 안 된다고 말한다. 이성의 공적 사용이란 전체 공동체 내지는 세계 시민사회의 구성원으로서 이성을 사용하는 것이다. 이때 칸트가 말하는 공동체란 그 규칙의 정당성이 전적으로 공동체 구성원의 동의에 의존하는 정치체이고, 그 구성원이란 공동체의 규칙을 다른 사람의 동의를 얻어 만들 자격이 있는 사람을 말한다. 그러니까 논의에 부칠 수 없는 어떤 신적 가치나 전통에 의해 지배되는 사회는 칸트적인 의미에서 정치공동체가 아니다. 그렇다면 정치공동체의 일원으로서 이성을 사용한다는 것의 의미도 분명하다. 그것은 공동의 규칙을 제정하거나 혹은 변경, 유지하기 위해 이성적 논의를 통해 다른 사람의 동의를 구하는 것을 의미한다.

칸트가 든 예는 이런 시민의 개념을 이해하는 데 아주 적절하다. 칸트에 의하면, 조세제도에 반대하는 사람도 일단 세금을 납부해야 한다. 그러나 그는 조세제도의 부당성을 다른 사람들에게 설득시켜 공동체의 규칙을 바꾸려는 노력을 할 수 있고, 그의 이러한 자유는 일체 제한되어서는 안 된다. 칸트는 또 군인의 예도 들고 있다. 상관으로부터 명령을 받은 장교가 명령을 자신의 의사에 따라 거부할 자유는 없지만, 전체 공동체의 구성원으로서 병역의 의무가 가지고 있는 문제점을 지적할 수는 있다. 병역의 의무가 공동체의 규칙으로 존속되어야 할지에 대한 논의는 어떤 공동체 구성원에게도 제한될 수 없는 것이다. 물론 공동체 구성원의 동의를 유발하여 병역의 의무에 대한 규칙을 바꾸기 전까지는 현재 시민들의 동의를 바탕으로 성립한 병역의무의 규칙을 따르는 것이 각 시민의 의무다.

박정희 시절, 유신헌법에 대한 반대가 심하자 헌법적 효력을 갖는다는 긴급조치를 통해서 헌법에 관한 일체의 논의를 금지한 적이 있다. 이것이야말로 전체 공동체 구성원들의 시민권을 박탈하는 정치적 만행이다.

정치적 행위의 목표

정치적 행위란 좋은 사회를 만들기 위한 것일까? 만일 그렇다면 그 분야에 좀 더 식견 있는 사람들이 더 많은 정치적 권리를 가져야 할 것이다. 이런 생각에 따라 영국에서는 대학에 종사하는 사람들에게 더 많은 표를 행사하게 했던 적도 있다. 그러나 나는 '정치적 권리란, 사회구성원들이 자신이 따를 규칙을 제정하거나 변경하는 데 참여할 권리'라고 이해하는 계약론적 전통을 지지한다. 이런 이해에 따르면, 자신의 이익이 사회에 의해 영향을 받으며 또 자신의 행위에 대해서 책임을 지도록 강제될 수 있는 사람에게는 누구나 동등한 정치적 권리가 부여되어야 한다. 칸트가 바로 정치적 권리에 대한 이런 이해를 가장 명료하게 정식화한 사상가인데, 여성과 같은 특정한 사회 집단의 선거권 제한을 말했다는 점은 이성의 역사성에 대해 깊이 성찰하게 한다.

나는 민주주의의 발전에 중요한 한 요소는 오히려 개인들의 판단에 과부하를 걸지 않는 것이라고 생각한다. 제법 뛰어난 능력을 지닌 개인도 스스로 정치에 관한 정보를 수집하고 분석해서 균형 있는 판단을 내리는 건 여간 힘든 일이 아니다. 이런 부담을 경감시키기 위해서는 다양한 견해들이 자유롭게 흐르고 비판과 정당화가 활발하게 진행되어 무엇이 조금 더 타당한 견해인지가 몇 가지로 결집되는 것이 중요하다. 이것은 정보의 기능인데, 교육의 역할도 못지않게 중요할 것이다. 하버마스Jürgen Habermas 계열에서는 소위 공론의 중요성, 조금 더 평범하게 말하자면 언론의 중요성이다.

나는 보통선거, 나아가 평등선거를 인류 정치사의 최대 성과물이라고 생각한다. 그 뒤에 들어 있는 윤리적 원칙을 생각해보면 정말 놀라운 발상이 아닐 수 없다. 그것이 가지고 있는 가능성이 제대로 실현되지 않았다 하더라도 그 제도 자체를 문제삼기에는 너무나 획기적인 제도라고 생각한다.

다시 한번, 정치적 행위의 목표는 좋은 사회를 만드는 것이 아니라 자신이 다른 사람과 함께 따를 규칙을 제정하는 것이다. 그렇다면 책임을 질 수 있는 사람은(책임도, 능력도 너무 거창하게 생각하지 말 것. 최소한의 의미로 책임이 강제될 수 있는 상태를 말한다) 누구나 정치적 권리에서 배제되어선 안 될 것이다.

다수결

다수결은 그 최종 정당성을 만장일치의 원리로부터 얻는다. 만장일치의 정당성은 참여자가 모두 동등한 권리를 가졌다는 점에 기인한다. 참여자의 참여권을 제한하는 결정은 다수결로도, 만장일치로도 무효다.

품위와 자존심

품위decency라는 개념은 평등의 개념에 비해 생활세계에서 우리들의 윤리적 경험을 포착할 때 상당히 유효하다. 생활세계에서 우리는 보통 다른 사람과 동등하지 않기 때문에 분노하기보다는 내가 기대하는 최소한의 대우와 가치를 인정받지 못하기 때문에 분노한다. 며느리의 분노는 시어머니와 같은 대우를 받지 못해서가 아니라 대개 "내가 아무리 며느리라고 하지만……"으로 표현되는 분노다. 예를 들어 머리를 염색한 학생은 선생들이 그것 때문에 자신에게 욕설하지 않으면 충분하다. 선생에게 자신을 완전히 인정하라고 요구하지는 않는다. 구체적인 분노를 느끼게 하는 것은 불평등 자체가 아니라 존중과 존엄, 품위가 침해받았을 때다. 이것은 생활세계뿐만 아니라 어쩌면 정치와 경제 영역에서도 우리의 구체적인 경험에 잘 부합하는 듯하다.

다음은 〈나인 투 파이브Nine to Five〉(1980)라는 영화에 나오는 대사다.

"나는 당신에게 고용된 피고용인으로서 약간의 품위와 존중으로 대우받기를 기대한다 I am your employee and as such I expect to be treated with a little dignity and a little respect."

피고용인이 고용인과 같아야 한다는 것이 아니라 피고용인으로서 기대할 수 있는 최소한의 존중을 보여달라는 요구가 담긴 표현이다.

나는 위의 개념들 중에 가장 기본적인 개념을 '존중respect'으로 본다. 품위 개념은 정서적인 느낌 또는 예의의 의미가 더 강하다. 존중에 대한 요구는 반드시 상대와 동일한 취급을 받아야 한다는 요구가 아니다. 존중이 평등에 대한 요구로 이해되는 것은 특별한 경우로, 주로 근대의 정치 영역에 한해서다. 존중은 오히려 내가 공동체에 의미 있는 존재로 받아들여지기를, 나의 협조와 기여가 당연한 것이 아니라 고마운 것으로 이해되기를, 그리고 내가 타인의 행복을 배려해온 것처럼 나의 행복도 어느 정도 배려되기를 기대하는 것이다.

존중에 대한 요구는 평등에 대한 요구보다 심리적으로 훨씬 더 깊은 곳에 자리 잡고 있으며 현실 인식에 의해서 더 잘 뒷받침되는 것 같다. 심리적으로 존중에 대한 최초의 욕구는 자신의 욕구에 대한 존중을 요구하는 것에서 시작된다. 내가 배설하고 싶을 때 배설하고, 먹고 싶을 때 먹고, 먹기 싫을 때 먹지 않겠다는 주장으로 표현되는 것이다. 자기의 욕구에 대한 이런 존중을 요구할 때는 나는 '이미' 상대의 지적·신체적·

규범부여적 능력에 대해서 인정하고 있는 상태다. 그래서 심리발생적으로 볼 때 존중은 타인(물론 모든 타인은 아님!)에 대한 완전한 인정과 함께 자신에 대한 최소인정요구의 형태로 등장한다(발생적으로 자기존중보다 타인존중이 먼저라는 것은 이런 의미다).

　발생적으로 최소인정요구로 시작한 존중에 대한 욕구는 또래 집단의 경험을 통해 동등한 가치를 인정받으려는 요구로 발전할 수 있다. 나는 대학생들이 평등과 민주주의에 대해 가장 강한 욕구를 갖는 것에는 인식의 성장이나 도덕적 능력만이 아니라 오랫동안 함께한 또래 집단의 경험도 크게 작용할 것이라고 추정한다. 그러나 생활세계에서 구체적인 위치를 점하고 살게 되면서, 삶의 거대한 몸집 앞에서 내가 변화시킬 수 있는 것이 실제로 많지 않음을 인식하게 된다. 그러면서 평등과 민주주의에 대한 욕구는 현실적인 기대로 변화하고, 결과적으로 존중에 대한 최초의 요구와 유사한 형태, 즉 최소한의 존중을 요구하는 태도로 자리 잡는 것 같다. 그래서 보통 사람의 절실한 요구는 "나를 그렇게까지 대하지는 마라"인 것이다.

거리의 미학

공간적 거리distance는 사람들 사이의 친밀성 정도를 표현하는 데 사용되는 가장 중요한 비유다. "그와는 가까운 사이다", "그와의 관계가 멀어졌다" 등의 말에서 알 수 있듯이 말이다. 물론 이것이 단지 비유이기만 한 것은 아니다. "눈에서 멀어지면, 마음도 멀어진다out of sight, out of mind"는 속담이 말해주듯, 공간적 근접성이 없으면 실제로 친밀성도 줄어드는 경향이 있다. 그런 상관관계로 인해 친밀성에 대한 공간적 비유가 생겨났는지도 모르겠다.

과거 농경사회에서는 공간적 거리와 심리적 거리가 그런 대로 일치했는지 모르지만, 현대의 도시생활에서는 완전히 달라졌다. 도시생활에서는 공간적 거리와 상관없이 심리적 거리를 취하는 능력이 필수적이다. 가령 서로 다른 성별과 나이, 인종, 직업의 사람들이 몸을 맞대고 있는 대도시의 복잡한 지하철 안을 생각해보자. 친하지도 않은 사람과 밀착해 있어서 마음이 불편하다고 생각하는 사람은 지하철을 타고 다닐 수 없다. 나하고 밀착된 사람들을 나와는 아무 상관이 없는 존재라고 여겨야 한다. 좀 과장해서 말하면, 그들은 그저 전동차의 일부다. 그래서 사람들과 어깨를 맞대고 있으면서도 나는 혼자다. 혼자 이어폰을 꽂고 음악을 듣는다. 공간적으로 가까우면 심리적 친밀감도 있어야 한다고 생각해서 괜히 옆 사람에게 말을 걸면 엉뚱한 사람이 된다. 마치 전동차에 말을 거는 꼴이다. 지하철 안에서는 무관심이 예의다.

거리 취하기의 또 다른 예는 병원에서의 행동이다. 병원에서 환자는 의사에게, 그것도 다른 성性을 가진 의사에게도, 가장 친한 사람에게도 보여주기 싫어하는 신체의 부분까지 보여준다. 이것이 어떻게 가능한가? 그것은 의사를 나와 전면적인 관계를 갖는 인간으로 여기지 않기 때문에 가능하다. 의사도 나를 그저 환자로 대하겠지만 나도 의사를 그저 의사로만 대한다. 지하철 속의 타인이 전동차의 일부이듯 의사는 나에게 의료 시스템의 일부다. 이런 거리 취하기를 잘 못하는 사람은 병원에 갈 수 없다. 과거 여성들이 남자 의사가 치료하는 병원에 가길 주저했던 것은 공간적 거리와 심리적 거리를 정확히 구분하지 못했기 때문이다.

도시 생활은 거리를 취하는 데 능숙하지 않으면 곤란을 겪게 된다. 엘리베이터에서든 아파트에서든, 도처에서 공간적 근접성과 심리적 원격성을 결합해야 한다. 반대로 도시 생활의 장점은 공간적 원격성에도 불구하고 심리적 근접성을 가질 수 있다는 데 있다. 공간적으로 먼 사람과 심리적으로

　　　　　　　　　　　　　　　　나의 작은 철학

가깝게 지내는 것은 전혀 문제가 아니다. 이런 장점은 공간적으로 근접한 사람들에게 심리적 거리를 띄울 수 있는 것과 밀접한 관계가 있다. 공간적으로 가까운 사람에게 많은 심리적 비용을 치르지 않아도 좋기 때문에, 심리적 친밀성을 선택적으로 줄 수 있는 능력이 생겨나고 공간적으로 멀리 떨어진 사람들과 친밀함을 유지할 수 있는 것이다. 연애 문화가 도시에서 시작되었던 것이나, 소위 불륜을 저지른 사람들이 도시로 도망갔던 것은 바로 공간적 거리에 상관없이 친밀한 관계를 설정할 수 있는 도시의 장점 때문이다.

도시 생활은 우리에게 선택적 친밀성을 선물해주었다. 그리고 그것은 우리에게 중요한 자유를 가져다주었다. 그러나 자유의 비용은 만만치 않다. 과거 친밀했던 관계에 대해 선택적이 되면서, 가까운 것도 멀어지는 효과가 발생했기 때문이다. 이제 연인이나 부부관계의 친밀성도 상당히 선택적이 되었다. 한쪽이 친밀성을 느끼지 않으면 언제든지 관계가 청산될 수 있다. 가족관계의 친밀성에 대해서도 사람들은 점점 선택적이 되어가는 것 같다. 자식에게 부모가 평생 친밀하지 않은 것은 물론이고, 부모들도 자신을 무조건적으로 자식에게 심리적으로 결박시켜놓으려 하지 않는다. 선택적 친밀성의 끝은 어디일까?

거리를 어떻게 취할 것인가, 이것은 우리 삶의 중요한 기술이다. 사회적 삶은 상당 부분 거리의 미학이다.

어떤 빈곤에 관하여
─대구 지하철 방화사건*을 접하고

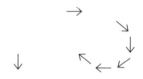

환경철학 시간에 흔히 거론되는 예다. 대강 이런 내용이다. 거대한 핵폭발 후 인간은 단 한 명만 남고 모두 죽었다. 살아남은 이 마지막 생존자도 곧 죽을 운명이고, 이후 지구상에 인간이 다시 존재할 가능성은 거의 없다. 그러나 늠름한 나무는 몇 그루 살아남았는데, 이 사람이 죽기 직전에 이 나무들을 베어버려도 괜찮은가 하는 내용이다.

사실 이 물음은 윤리적 물음이라고 하기 어렵다. 윤리적 물음에서 문제가 되는 권리나 책임, 효용 등이 주제화될 수 있는 여건이 성립하지 않기 때문이다. 이 물음은 세계관의 문제다. 철저한 자기중심적 세계관을 갖는 사람에게 저 물음은 그저 자기선호의 문제일 뿐이다. 손해볼 것 없으니 하고 싶은 대로 하면 그만이다. 설령 손해를 보더라도, 그 손해를 감수할 생각이면 무엇이든 할 수 있다. 이런 세계관을 가진 사람

* 2003년 대구 중앙로역으로 진입하는 전동차에서 50대 남자 승객이 고의로 방화한 사건. 이 사건으로 192명이 사망하고 151명이 부상당했다(엮은이).

에게는 나의 이익과 아무런 상관이 없어도, 심지어 자신에게 어느 정도 손해가 되더라도 타인이 행복하길 바란다든가, 이 세상에 다양한 동식물이 번성하길 바라는 태도는 한가한 자기도취일 뿐이다.

철저한 자기중심적 세계관을 논리적으로 반박할 수는 없다. 그러나 한 가지는 말할 수 있다. 그것은 무척 빈곤한 세계관이다. 그것은 자신에게 유용하지 않은 것, 혹은 마음에 들지 않는 것의 존재 이유를 알지 못한다는 의미다. 내 삶이 번성하면 좋은 세상이고, 반대로 내가 몰락하면 세상도 같이 몰락하길 바라는 데 주저하지 않는다.

지하철 방화사건과 관련해서 어째서 한가하게 세계관 이야기를 하느냐고 반문할지 모르겠다. 맞다. 자아중심적 세계관을 가졌다고 해서 모두가 그런 끔찍한 일을 저지르는 것은 아니다. 그렇다고 정신질환에서 원인을 찾는 것은 더욱 가당치 않다. 범죄율만 놓고 보면, 정신질환자가 소위 정상인보다 결코 더 많은 범죄를 저지르는 것은 아니다. 사회적 절망이 가장 중요한 원인이겠지만, 그것만도 아니다. 절망의 표현 방식은 고독한 자살일 수도 있다.

아마도 지하철 방화와 같은 그런 행동은 자아중심적 세계관에다 사회적 좌절, 그리고 (남성적) 공격성이 결합되었을 때 발생하는 일일 것이다. 사회는 자신에게 의미를 가질 때만 존재 이유를 가지니, 자신을 좌절시킨 사회는 그 대가를 치러야 한다. '혼자 죽고 싶지 않았다'는 것이 그러한 태도를 단적으로 표현한 말이다.

철저한 자기중심적 세계관은 사회화가 정상적으로 이루어지면, 그리고 사랑과 우정을 경험하면 보통은 어느 정도 극복된다. 물론 자기중심성이 완전히 극복된다는 것은 아니다. 그러나 적어도 나 이외의 다른 사람들 중 어떤 사람들은 잘되었으면 좋겠고, 그들의 행복에 자신이 기여했으면 좋겠다는 생각을 할 줄 알게 된다. 자신이 불행해지면 그들을 포함해서 세계가 다 몰락하기를 바라는 지경까지 가지는 않는다.

성인이 되면 모두 자연스럽게 자아중심적 세계관을 극복하면 좋으련만, 불행히도 우리 사회에서는 그렇지 못한 경우가 많다. 특히 남성들이 더 그렇다. 아내의 이혼 요구에 처갓집 식구들을 흉기로 해코지하는 것은 극단적인 경우겠다. 그러나 정도가 약하다 하더라도 남자들이 자신을 중심으로 가정이 돌아가야 한다고 생각하는 바람에 크고 작은 불행이 얼마나 많이 일어나는가. 복수는 있을 수 있는 일이다. 그러나 정확히 원한의 대상에 대한 복수가 아니라 세상이 모두 벌을 받아야 한다는 생각은 원한만이 아니라 자아중심적 세계관의 표현이다.

가장 행복한 사람의 기준은 잘 모르겠다. 그런 기준이 필요한지도 잘 모르겠다. 그러나 얼마 전부터 가장 불행한 자의 기준은 대강 알 것 같다. 이 세상에 애틋하게 보고 싶은 사람이 아무도 없는 상태가 그것이다. 애틋하게 보고 싶은 누군가는 있지만 그 사랑이 이루어지지 않는 사람은 고통스러울지

언정 훨씬 행복한 사람이다. 만약 누군가가 자신을 애틋하게 보고 싶어한다면 고마워할 것이 있는, 행복한 사람이다.

가끔 세상 그 누구도 애틋하게 생각하지 않는 것 같은 사람을 본다. 그런 사람을 보면 무서워하자.

매체와 침묵

보통의 대화에서 침묵은 말 못지않게 자연스럽고 필수불가결한 요소이다. 이건 묵언수행 같은 고상한 얘기 이전에 순전히 신체적 이유에서 그렇다. 우리가 24시간 잠도 자지 않고 활동할 수 없는 것처럼, 우리의 성대도 중간중간 쉬게 해야 한다. 만일 쉬지 않고 말하는 사람이 있다면, 우리는 그의 무례함을 문제 삼기 전에 먼저 그의 건강부터 염려해야 할 것이다.

신체적 이유에 더하여, 상대와의 친숙함 또한 침묵을 대화의 자연스러운 요소로 만든다. 친숙한 사람들 사이에는 말로 표현하지 않고도 의사전달이 이루어지는 부분이 많다. 눈빛으로, 표정으로, 때로는 고의적 침묵으로 우리는 많은 뜻을 주고받을 수 있다. 아니, 바로 침묵으로도 말할 수 있음이 친밀함의 증거일지도 모르겠다. 얼굴을 무너뜨리며 웃고 허허로움이 깃든 목소리가 매력적이던 가수 송창식은 연인을 "아주 작은 몸짓 하나로도 느낄 수" 있고 "소리 없는 침묵으로도

나의 작은 철학

말할 수" 있으며, "마주치는 눈빛 하나로 모두 알 수 있는" 사람으로 노래하지 않았던가.

그런데 매체에서 침묵은 아무런 가치를 가지지 않는다. 매체에게는 원칙적으로 의미 있는 정지, 혹은 휴식이라는 게 없다. 가끔 정지하거나 아무것도 내보내지 않은 텔레비전은 그냥 고장 난 텔레비전일 뿐이다. 매체에게 침묵은 전혀 어울리지 않기 때문에, 우리는 알아서 가끔 멈추는 텔레비전을 도저히 견디지 못한다.

그런데 매체의 기술적 특성은 매체의 내용에도, 그리고 매체 환경에 노출된 우리의 의식에도 지대한 영향을 미친다. 대면으로 이루어지는 대화에서는 적당히 침묵하는 사람, 남의 이야기를 경청하는 사람이 매력적일 수 있다. 그러나 텔레비전에 나온 사람이 침묵하면서 남의 이야기를 경청하고만 있으면 답답하기 그지없다. 아마도 우리는 금세 저런 사람이 왜 나왔느냐고 반문할 것이다. 이렇듯 침묵이 매체에게 워낙 이질적인지라, 매체를 통해 자기표현을 해 버릇한 사람들은 침묵하길 어려워하는 듯하다. 떠들기를 멈춘 매체가 곧 그 매체의 죽음이듯, 매체의 스타들은 매체에 자기를 드러내지 않으면 곧 극심한 존재 위기를 느끼는 것이리라.

그런데 침묵이 점점 견디기 어렵게 된 것은 매체 스타들에게만 해당되는 이야기가 아니다. 이미 우리에게 은근한 사랑은 지루한 이야기다. 사랑은 '이벤트' 아닌가. 내가 지금 투박한 사랑을 찬양하고 자기표현의 가치를 폄하하려는 것이 절대 아니다. 자신을 표현하는 것은 자유로움의 가장 중요한 요소이며, 상대에 대한 예의이기도 하다. 그러나 끊임없이 행사를 만들어야 자기표현이 된다는 생각은 상당 부분 매체가 만들어낸 심리적 특성이라는 점을 지적하려는 것이다.

돈과 권력*

돈과 권력에 환호하거나 반대로 도덕적 의심의 눈길을 던지기 전에, 그것들이 무엇인지 물어볼 필요가 있다. 나는 돈과 권력을 커뮤니케이션 매체로 바라볼 때, 그것들의 공통성과 차이를 가장 잘 파악할 수 있다고 생각한다. 또 그렇게 파악할 때 돈과 권력에 대한 인문학적 성찰의 가능성도 열릴 것이라고 생각한다.

돈과 권력은 사회의 특정 커뮤니케이션들을 가능하게 한다는 점에서 대체될 수 없는 것이지만, 동시에 다른 종류의 커뮤니케이션들의 독자성을 위협하고 커뮤니케이션 전체를 비틀리게 한다는 점에서 사회적 제어가 필요하다.

---

* 경북대학교 강연 메모(2013).

부러움만 있고 존경은 없다

"부자 되세요"는 한동안 가장 인상적인 광고 카피였다. 사람들의 선망羨望을 자극하는 것이 성공적인 광고라면, 저 광고 카피의 히트는 우리들의 일반적인 선망 구조를 적나라하게 보여주는 것이라 할 수 있겠다.

내가 무슨 고결한 사람인 양 돈에 대한 선망을 비판하려는 것은 아니다. 나도 돈이 많은 사람이 부럽다. 돈을 좋아하고 돈 많은 사람을 부러워하는 사람을 속물이라고 말할 생각은 추호도 없다. 내가 말하고 싶은 것은 부러움과 존경심은 엄연히 다르다는 것이다. 그런데 과도한 상업주의 탓인지 이 구별이 흔들린다.

부러움은 내가 실제로 갖고자 원하는 것을 상대가 가졌을 때 드는 감정이다. 돈이든, 좋은 체격이든, 미모든, 출중한 게임 실력이든, 터프한 태도든, 멋진 애인이든, 내가 갖지 못한 것을 다른 사람이 가졌을 때 '부럽다'고 느낀다. 그러므로 부러움은 나의 어떤 '결핍'으로부터 나오는 감정이다. 그래서 나

나의 작은 철학

에게 결핍이 없거나 채워지는 순간 부러움도 사라진다. 돈 많은 사람이 다른 사람의 돈을 부러워할 필요가 없고, 체격 좋은 사람이 다른 체격 좋은 사람을 부러워할 필요가 없다. 어쩌면 그들은 자신들이 갖지 못한 지식이나 예술적 감각을 가진 사람을 부러워할지 모른다.

존경심은 부러움과 판이하게 다르다. 어떤 사람이 가진 것을 정말 내가 갖기를 원하지 않으면서도 나는 그를 존경할 수 있다. 가령 도덕적으로 훌륭하지만 빈한한 생활을 하는 사람을 보면, 나는 그런 힘든 생활을 하고 싶지 않지만 그런 사람에 대한 존경심을 가질 수 있다. 또 상대가 가진 것을 나도 갖게 되었다고 해서, 그전에 있던 존경심이 쉽게 사라지는 것도 아니다. 내가 운동선수라면 오히려 다른 뛰어난 기량을 지닌 선수에게 존경심을 가질 수 있다. 정말 과학적 능력이 있는 사람이야말로 뛰어난 과학적 업적을 낸 사람을 진정으로 존경할 수 있다. 막연한 숭배가 아닌 진정한 존경심은 종종 상대를 제대로 평가할 수 있는, 어느 정도 유사한 자질을 가진 사람으로부터 오는 것이다.

부러움은 어떤 사람이 가진 것이나 성취와 관련되어 있지만, 존경은 그 사람 자신과 더 깊은 관련이 있다. 물론 이 구별이 언제나 분명한 것은 아니다. 올림픽에서 금메달을 딴 선수는 부러움과 함께 존경의 대상일 수 있다. 정직한 기업 활동을 통하여 많은 돈을 번 사람도 같은 경우일 수 있다. 그러나 우리는 페어플레이를 하지 않은 선수에게 존경심을 갖지 않는다. 마찬가지로 비열한 방식으로 갑부가 된 사람도 존경의 대상이 되기 어렵다. 그 사람의 금메달이, 그 사람의 돈 자체는 부럽더라도 말이다. 이런 차이 때문에 존경심은 실패한 사람에게도 향할 수 있다. 남보다 훨씬 늦게 들어왔지만 장애를 딛고 마라톤 풀코스를 완주한 사람에게 우리는 존경심을 가질 수 있는 것이다.

결과를 보고 존경심을 갖기 시작하면 부러움과 존경심의 구별이 희미해진 것이다. 돈 많은 사람이 부러울 뿐 아니라 오직 돈이 많다는 이유로 존경심까지 든다면, 반대로 빈한한 사람이 바로 그 이유 때문에 하찮아 보인다면, 이미 부러움과 존경심의 구별이 희미한 상태가 된 것이다. 사실 돈을 삶의 수단이 아니라 그 자체로 가치 있는 것으로, 영리적 활동 능력의 표시일 뿐 아니라 도덕적 자질의 표시로 여기게 된 것은 자본주의 문화의 중요한 특징이다. 그러니 자본주의에는 부러움과 존경심이 융화되어버릴 위험이 내재해 있다고 할 수 있다.

그러나 실제 자본주의 사회를 보면, 모든 사회에서 같은 정도로 돈의 논리가 관철된 것은 아니다. 우리처럼 철저하게 수입에 따라 직업이 서열화되고 개인에 대한 평가도 내려지는 것은 결코 모든 자본주의 사회의 모습이 아니다. 재능 있는 젊은이들이 오직 수입 많은 직업에 쏠리고 자기실현이나 어떤 가치에 삶을 걸어보려는 사람이 적어지는 것도 마찬가지다. 어찌 보면 경제는 아직 자본주의 선진국에 비해 조금 뒤처져 있지만, 자본주의적 마인드에서는 우리가 가장 극단에 이르렀는지도 모르겠다.

부자는 부러워할 만하다. 부정하지 않는다. 또 부자가 때로 존경받을 수도 있다. 그러나 존경의 대상은 훨씬 다양해야 한다. 부러움과 존경심이 구별되지 않는 사회, 혹은 부러움만 있고 존경의 대상이 없는 사회는 문화적으로 참 가난하다.

신용카드

신용카드의 무분별한 사용은 사회적인 문제를 야기한다. 과다하게 사용하고 결제할 수 없게 되니 고율의 사채를 쓰고, 범죄에 빠지기도 한다. 언론은 이를 중대한 사회문제로 여기고, 일부 지식인들은 어릴 적부터 경제교육을 해야 한다고 발벗고 나선다.

신용카드의 매력은 무엇일까? 지금 현찰이 없어도 물건을 구매할 수 있다는 것, 즉 '외상'이 매력의 전부일까? 그렇다면 신용카드를 무분별하게 사용하는 것은 통장잔고와 지출능력을 잘못 계산한 탓인가? 맞는 이야기지만, 이것이 전부는 아니다. 경제적 현상은 거의 언제나 문화적인 문제와 맞닿아 있다.

물건을 구입하면서 현장에서 바로 현찰로 지불하지 않는 것은 단지 경제적으로만 매력적인 것이 아니다. 그것은 구입하는 사람이 판매하는 사람보다 격상된 위치에 있음을 상징한다. 이를 이해하기 위해서 하나의 예를 살펴보는 것이 좋겠다.

영화 〈워킹 걸Working Girl〉(1988)을 보면 회원제로 운영되는 한 클럽이 나온다. 여주인공이 클럽 회원이 아님에도 어느 비즈니스맨을 우연인 것처럼 접촉하기 위해 회원인 척하고 그 클럽에 들어간다. 마침내 그 남자를 찾아냈고, 관심을 끄는 데 성공한다. 그런데 마지막에 주인공은 그 클럽의 회원이 아닌 것이 들통나고, 만남은 우연이 아니라 작전이었음이 드러난다. 어떻게 해서 들통이 났는가? 바로 여자가 술값을 계산하려 했기 때문이다. 왜? 그 클럽에서는 남자가 술값을 계산하게 되어 있기 때문에? 아니다. 그 클럽의 회원들은 매번 계산하지 않는다. 손님은 그냥 원하는 대로 즐기고 일정한 시점에 한꺼번에 계산한다. 바로바로 계산하지 않는 것, 그것이 특권적 지위를 누린다는 느낌을 주는 것이다.

이번에는 다른 예를 들어보자. 옛날에 머슴을 부리던 것과 오늘날 용역업체의 직원을 채용하는 것의 차이는 무엇일까? 물론 용역업체 직원을 머슴 대하듯이 할 수 없다. 하지만 과거 머슴에게 시키지 못했던 일을 오늘날은 돈만 주면 시킬 수 있는 일도 많다. 중요한 차이 중의 하나는 용역업체 직원에게는 바로바로 계산을 해야 한다는 점이다. 바로바로 계산을 해주는 한, 부리는 자와 일을 하는 자는 대등하다. 그에 반해 머슴에게는 6개월이나 일 년에 한 번 보수를 준다. 머슴은 주인을 믿고 기다려야 한다. 한쪽은 서비스를 제공받고 다른 쪽은 상대의 신용이나 인품을 믿고 기다려야 한다면, 그 관계는 대등할 수 없다.

또 다른 예는 이런 것이다. 누구에게 무엇을 주어야 할 때 직접 가지고 가는 것이 아니라 '아이를 시켜서', 혹은 '사람을 시켜서' 보내면 무언가 자신의 지위가 격상된 느낌이 든다. 반대로 상대가 나보다 지위가 높은 사람일 경우에는 내가 직접 가지고 가든가, 혹은 사정이 있어 다른 사람을 보낸다고 해명해야 한다. 신용카드의 사용은 바로 아랫사람을 보내서 해결하는 것과 유사한 느낌을 준다. 지불을 내가 직접 하지 않고 은행이나 카드사가 하도록 시킴으로써 말이다.

신용카드는 바로 현대인이 갖기 어렵게 된 과거의 특권이나 귀족성에 대한 대체물을 제공하는 역할을 한다. 그래서 처음으로 신용카드를 갖게 되면 자신의 경제력뿐만 아니라 사회적 지위에 대한 자부심도 같이 생기는 것이다. 그렇다면 이제 이런 추정이 가능하다. 사회적 지위를 제대로 인정받지 못한 사람일수록 호방하게 신용카드를 사용하고 싶어할 것이다. 이미 다른 요소로 사회적 인정을 받는 사람에게 신용카드는 그저 지불수단이지만, 그렇지 못한 사람에게 신용카드는 '내가 이런 사람이야'라는 걸 보여주는 가장 중요한 수단일 수 있다.

신용카드의 무분별한 사용 뒤에는 경제적 비합리성 외에 사회적 인정의 욕구가 자리하고 있다.

신新 잉여인간

교육경쟁이 치열하다. 이 교육경쟁의 새로운 점은 소수 엘리트들의 특권을 향한 경쟁이 아니라는 사실이다. 달리기로 비유하자면, 정해진 메달 획득을 위한 경쟁이 아니라 탈락자를 언제, 그리고 어디서 끊을지cut off 모르는 경주다. 아니, 단순히 달리기에 비유하는 것은 적절하지 않다. 심술궂은 장교가 병사들에게 선착순을 시키면서 목적지를 수시로 바꾸는 것처럼, 하나의 목적지를 향해 앞서가던 사람이 갑작스러운 목적지 변경으로 오히려 뒤처지는 일이 발생하기도 한다. 이 경쟁의 속성은 기본적으로 희망이 아니라 불안이다. 수상자가 되기 위한 경주가 아니라 잉여인간이 되지 않기 위한 경주다.

이런 경주를 통해서 만들어지는 잉여인간은 착하나 무기력한 인간, 자기계발을 포기한 인간이 아니다. 손창섭의 소설 《잉여인간》 속 인물들과 다르다. 자기계발 의지도 있고 능력도 출중한데, 쓸 곳이 없을 뿐이다. CEO나 교수가 될 만한 자질을 갖추고 있는데, 능력에 맞는 일자리가 없을 뿐이다.

이런 신 잉여인간은 유능하다는 점에서 새로운 종류이다. 하지만 부적합성이라는 고약한 느낌을 풍긴다는 점에서 예의 무능한 잉여인간과 다를 바 없다. 아니 더 나쁠 수도 있다. 무능한 잉여인간은 자신이 소외되는 것을 수긍할 수 있지만 유능한 잉여인간에게는 그런 위로마저 없다. 자기계발을 위하여 쏟은 수고와 현재 가지고 있는 열정이 적소適所를 찾지 못하니, 부적합성의 느낌은 한층 더 고통스러울 수 있다.

새로운 종류의 잉여인간은 과거와 달리 지식과 산업의 특정 분야에서만 생겨나는 것이 아니다. 생산과 관련 없는 지식 분야에서만이 아니라 첨단기술 분야에서도 생겨난다. 이런 현상은 왜 생긴 것일까? 어설프게나마 가설을 세워보자면, 지식과 과학이 생산력의 핵심이 된 자본주의 국가에서 경제가 과거의 템포만큼 팽창해주지 않는 데에서 근본 원인을 찾을 수 있다. 경제가 일정 속도로 팽창해주지 않으면 공급되는 고급 인력을 다 수용할 수 없다. 고급 인력의 유입이 경제의 팽창 비율을 앞서 가면 고급 인력의 잉여화는 불가피하다. 잉여인간이 될 수 있다는 공포는 다시 교육열을 가속화시키고, 이는 다시 잉여인간의 확대로 이어진다.

현대의 잉여인간이 새로운 종류의 잉여인간임을 알아야 잘 이해되는 현상들이 있다. 가끔 언론들이 기이한 현상처럼 보도하는 극심한 구직난과 구인난의 공존 현상이 그것이다. 새로운 종류의 잉여인간들은 자기훈련비와 능력, 열망을 고려할 때 어떤 일들은 도저히 할 수 없다. 그렇다고 그런 분야에서 잉여인간이 기대하는 수준에 맞춰 그들은 대우할 수도 없다. 그렇게 해서는 경쟁력을 갖출 수 없기 때문이다. 그러니 한편에서 구직난이 심각해도 다른 한편에서 구인난을 해소하기 위해 외국인 노동자를 들여올 수밖에 없다.

신 잉여인간은 기존 계급과 다르다. 프롤레타리아도 부르주아도 아니다. 자기 재산이랄 것이 없으며 고용되지 않으면 지속적인 수입이 없다는 점에서 프롤레타리아와 비슷하지만, 교육 과정에서의 투자가 암시하듯이 크고 작은 후원자들을 가지고 있는 경우가 많다. 그러니 확실한 소속 의식도 없고 투쟁 의지도 없다. 개인적인 자각은 강하지만 단결력이 없다.

이런 잉여인간에게 저항이란 어떤 것일까? 이 물음이 나의 관심사다. 현재 내 머릿속에 떠오르는 것으로는 '자기복제의 포기' 같은 것이다. 자식을 낳지 않거나 혹은 최소화한다는 말이다. 그저 낳아 놓으면 자식이 알아서 클 것이라고 믿지 않는다. 그렇다고 자신의 처지에서 잘 키울 자신도 없으니, 자식을 낳을 이유를 찾지 못한다. 게다가 문화적으로는 높은 수준을 갖추고 있어서 자식이 자신의 희망도 아니다. 아무리 자식을 만들고자 하는 경향이 유전자에 각인되어 있다 해도, 개인적 자각이 강한 신 잉여인간들은 자기복제를 단념하기로 결심할 수 있다.

아이를 잘 갖지 않으려는 최근의 경향은 분명 주로 개인주의와 여성의 사회진출에 기인한 것이다. 그런데 혹시 그 속에는 새로운 잉여인간들의 저항도 섞여 있는 것은 아닐까?

보수를 기다리며

나는 젊었을 때도 진보주의자라고 확실하게 자신하지 못했다. 속으로 급진적인 생각을 품어보지 않은 것은 아니다. 그러나 그런 생각을 입에 담는 것은 무척 꺼렸는데, 무슨 일을 당할까 두려워서 그랬던 것은 아니다. 내가 과연 그 멋진 주장대로 살아갈 수 있을지를 자신할 수 없었다. 내 속의 생각과 다르지 않은 주장을 적극적으로 펼치고 그로 인해 피해를 입는 친구들을 보면 미안하고 부끄러웠다. 하지만 정녕 내가 나를 믿을 수 없었다.

삶에서 책임져야 하는 일들이 늘어나면서, 또 내가 누리는 편안함에 익숙해지면서 이제는 진보주의자가 되지 못하는 것을 아쉬워하지도 않는다. 나이가 들면 자연스레 보수가 된다는 공식이 나에게도 적용되는 것이리라. 그래서 보수를 자인하는 사람에게는 동병상련의 마음이 드는데, 어쩐 일인지 보수임을 자처하고 보수에 대해 사명감을 보이는 사람들에 대한 불신은 더욱 커졌다. 요즈음에는 역겹기까지 하다.

나의 작은 철학

나는 보수가 가질 수 있는 장점을 두 가지 정도로 생각한다. 하나는 정확한 지식이다. 소망과 사실을 섞지 않고, 할 수 있는 것과 할 수 없는 것을 가릴 줄 아는 능력이다. 보수의 최대 무기는 진보가 주장하는 프로젝트가 실현되기 어렵거나, 아니면 적어도 지나치게 많은 비용이 든다는 것을 냉정하게 보여주는 것이다. 베버Max Weber가 마르크스주의를 비판했듯이 말이다.

다른 하나는 우리 삶이 갖는 의미 차원을 지키는 역할을 담당할 수 있다는 점이다. 진보주의자에게 가장 중요한 문제는 아직 실현되지 않은 정의다. 그래서 진보주의자는 미래에 비추어 현재를, 당위에 비추어 존재를 평가한다. 나는 역으로 미래에 대하여 과거와 현재의 권리를, 당위에 대하여 존재의 권리를 적절히 보호하는 일도 소홀히 해서는 안 된다고 생각한다. 우리 삶은 정의의 문제로 환원될 수 없는 숱한 의미로 가득 차 있기 때문이다. 정의의 실현을 위해서라고 해도 함부로 손상될 수 없는 의미들을 지키는 것, 그것이 보수의 문화적 사명이다.

그런데 나는 우리나라에서 보수를 자처하는 사람들의 지적 열악함과 문화적 열악함 모두에 놀란다. 그들이 진보적 가치의 실현불가능성을 말할 때, 그것은 지식의 문제가 아니다. 오히려 그들의 주장을 살펴보면, 진보적 입장이 실현될 수 없는 것은 바로 그들 자신이 적극적으로 방해할 것이기 때문이다. 가령 평등을 문제 삼을 때, 평등 기준의 단순성이라든가 평등에 수반되는 대가가 감당하기 어렵다는 식이 아니라, 평등 자체가 시기심에서 비롯된 불순한 가치라는 식이다. 또 그들은 의미 차원을 수호하는 것이 아니라, 되레 의미를 권력에 종속시키는 일에 골몰한다. 예의를 보여주는 것이 아니라 예의를 요구하기만 한다. 고상한 고립을 즐길 줄 모르고 보수들의 단결력을 자랑스럽게 과시한다. 지적으로, 문화적으로 열악할수록 '정통 보수'라고 더욱 시끄럽게 떠든다. 지식도, 문화도 열악한 이런 보수는 아직 치워지지 않은 역사의 배설물일 따름이다.

그래서 나는 좀 더 나은 보수를 기다리기로 했다. 하지만 이 역설이 씁쓸하다. 미래에 보수가 오기를 기다리고 있으니 말이다.

해고의 자유

한진중공업에서 한 여성 노동자(김진숙)가 정리해고 철회를 요구하며 200일 넘게 크레인 위에서 농성 시위를 벌였다. 각종 지지 시위가 이어졌고 희망버스라는 새로운 방식의 연대 시위가 벌어졌지만 회사는 요지부동이었다.

한편 그런 시위에 대한 비판의 목소리도 있다. 그리고 나는 그 비판의 목소리도 경청할 만하다고 생각한다. 특히 기업가들에게 물으면 해고의 자유 없이 어떻게 기업을 운영하냐고 답할지 모른다. 기업을 하는 사람에게는 노동도 일종의 자원이고, 자원을 효율적으로 사용하고 재배치하는 것, 그리고 경우에 따라 교체하는 것은 기업경영의 필수적인 조건이라는 것이다. 학생 때 노동운동을 했던 전력이 있는 기업가에게 물어도 똑같은 소리를 한다. 내가 경험한 바로는 한 번도 예외가 없었다.

현재 다른 경제 체제에 대한 뚜렷한 비전이 있거나, 대안을 위한 노력을 하고 있지 않은 나는 '해고의 자유'에 동의한다. 하지만 조건이 있다. 기업 내에서 해고 문제를 다루는 협의체가 있어야 하고, 무엇보다도 국가가 해고된 사람들을 재취업 훈련과 복지를 통해서 흡수해야 한다. 물론 그런 재원은 기업과 일자리를 가진 사람들로부터 조달해야 할 것이나. 이것이 자본주의의 진화 과정에서 형성된 하나의 (그리고 현재로서는 최적의) 해법이다. 무척 중요한 진화적 성취다.

이제 묻는다. 기업은 그런 국가를 만들기 위해 노력했는가? 오히려 주로 방해를 해오지 않았는가? '해고할 수 있는' 국가를 만들려고만 했지 '해고해도 좋은' 국가를 만들려고는 안 하지 않았는가. 만일 그렇다면 기업은 해고의 자유를 말할 자격이 없다. 국가더러 농성을 해산시켜달라고 하는 것은 협잡꾼이 되라는 것이다. 보험을 들지 않은 사람은 사고처리 비용을 스스로 부담해야 하듯이, 복지국가 형성을 막아온 기업도 해고 후유증을 스스로 감당해야 한다. 주주들에게 거액의 배당을 할 수 있는 여력이 있었다니, 노동자들이 해고를 감수할 이유는 더더욱 없다.

고공농성을 슬픈 마음으로 지지한다. 그런 농성을 사라지게 하는 농성이 되길 바라며…….

나의 작은 철학

시장

돈에 관하여

돈만큼 사람들이 서로 모순된 생각을 가지고 있는 대상도 없다. 돈이 많은 갈등과 분쟁의 원인이고 사람들 사이를 삭막하게 한다고 하면서도, 자신의 아파트를 시세보다 싸게 팔려는 사람은 없다. 돈의 매력은 무엇이고 그 매력의 함정은 무엇일까? 우리는 정말 돈에 대해서 잘 알고 있는 것일까?

돈의 역할은 교환 수단이지만, 돈의 매력은 경제 외적인 면까지 들여다봐야만 드러난다. 역사적으로 어떤 혁명가도 돈만큼 사람들에게 많은 자유를 가져다주지 못했다. 사람 사이의 책무가 다른 사람이 대체할 수 없는 활동에 의해 이루어질 경우, 자유의 여지가 적다. 다른 사람이 대신할 수 없는 나의 활동을 통해서만 어떤 의무를 다할 수 있다면, 그 활동을 마치기 전에 나는 자유로울 수 없다. 극단적으로 평생을 자신의 활동을 통해서 주인에게 봉사해야 하는 노예는 전혀 자유로울 수 없는 것이다.

하지만 자신의 책무를 현물을 통해서 대체할 수 있으면

조금 더 자유로울 수 있다. 나의 활동을 통해 직접적으로 책무를 해소하는 것보다 대체할 수 있는 현물을 마련할 수 있는 다른 활동이 나에게 좀 더 유리하다고 생각되면, 나는 다른 활동을 선택할 수 있기 때문이다. 그러나 현물 납부도 활동에 제약을 주기는 마찬가지다. 가령 부역 대신 쌀을 납부할 수 있다 하더라도, 쌀농사는 피할 수 없다. 책무를 현물이 아니라 돈으로 해소할 수 있다면 활동의 자유는 극대화된다. 돈을 납부하기만 하면 되니까 그 돈을 벌기 위해 어떤 활동을 선택하든 그에 대한 자유를 제한받지 않는다.

돈은 자유를 확장시킨 최대 공로자일 뿐 아니라 대단한 교육 기능도 가지고 있다. 내가 말하는 교육 기능이란 단순히 계산능력의 향상만이 아니다. 돈은 자신의 주관적 욕망에 따라 판단하는 것이 아니라 객관적 시각을 갖게 하고 장기적인 고려 능력을 키워준다. 어린아이를 보자. 다른 사람의 물건은 갖고 싶은데 자기 물건도 놓치고 싶지 않은 어린아이는 교환을 하지 못한다. 자신의 것은 주지 않고 상대의 것만을 받으려 해서는 교환이 이루어질 리 없다. 교환을 하려면 자기 물건과 거리를 취할 줄 아는 능력이 필요하다. 또 순간적인 욕망에 따라 움직이지 않고 가치를 비교할 수 있는 능력도 필요하다. A보다 B가 좋아 보여서 돈을 얹어 주고 A와 B를 교환하고 다시 C가 B보다 더 좋아 보여서 돈을 얹어 주고 B를 C와 교환했는데, 이제 와서 다시 보니 C보다 A가 더 좋은 것 같아서 다시 돈을 얹어 주고 C를 A와 교환한다면 나는 점점 돈을 잃게 된다(이렇듯 남 좋은 일만 시키는 상황을 머니펌프money-pump라고 한다). 돈의 손실은 보통 고통을 가져온다. 이 고통은 돈을 잃게 만든 원인, 즉 순간적인 욕망에 따라 판단하거나 가치를 제대로 비교하지 못했던 실수를 교정하도록 촉구하는 효과를 낳는다.

돈은 사회적 다양성을 만들어내는 산파이기도 하다. 사람들 사이의 책무 관계가 돈으로 해결되고 어떤 물건이든 돈으로 살 수 있게 되면서 돈을 벌려는 강한 욕망이 일반화된다. 그런데 돈은 돈만 노린다고 벌리는 것이 아니다. 다른 사람이 기꺼이 자신의 돈을 내놓고 바꾸어 가려는 상품이나 서비스를 만들어내야 한다. 그런데 한 종류의 활동이 지나치게 많으면 그 활동을 통해 돈을 벌기 어려워진다. 그래서 끊임없이 새로운 활동 영역(블루오션)을 개척하려는 노력을 경주해야 한다. 오늘날 볼 수 있는 상품과 서비스 종류의 다양성은 어떤 절대군주도 꿈꿀 수 없었던 것이다.

돈은 사회적 다양성만이 아니라 기존 활동의 합리화도 자극한다. 같은 종류의 활동이라도 경쟁자보다 더 적은 비용과 시간을 들여서 할 수 있어야 돈을 벌 수 있다. 경쟁이 심해지면 가히 계산의 미학이라 할 만한 일이 벌어진다. 가령 500원짜리 과자에 들어가는 재료가 미국산 밀가루, 중국산 참깨, 칠레산 전지분유 등인 것을 보라. 멈추지 않는 열차처럼 경비를 줄이기 위한 계산은 계속된다.

돈은 또 어떤 약으로도 치료할 수 없는 현대인의 고통, 즉 불확실성을 어느 정도 치유해준다. 현대인에게는 고정된 역할이 부여되지 않는다. 자신이 지금 맡고 있는 역할에서 언제든지 밀려날 수도 있고, 반대로 자신이 그 역할을 언제든지 놓아버릴 수 있다. 그래서 현대인에게 고독과 불확실성은 운명이다. 사회 속에 살고 있음에도 언제나 그 사회가 자신의 것은 아닌 것이다. 그런데 그 사회를 자신의 것으로 만드는 방법이 있는데, 그것이 바로 돈이다. 돈은 자신의 손에 들어 있는 사회적 힘이다. 돈은 자신에게 필요한 활동을 다른 사람이 하도록 만들 수 있다. 다른 사람에게 자신이 원하는 행위를 하게 할 수 있다니 얼마나 든든한가. 자신감과 안정감이 생겨난다. 돈은 나를 중심으로 사회가 조화롭게 편성되도록 만든다. 딱히 살 게 없어도 지갑 없이 거리에 나서면 우리는 불안하다. 돈이 불확실성에 대한 진정제 역할을 얼마나 많이 하고 있는지 분명하게 드러난다.

나의 작은 철학

돈이 국경이다

휴전선 철책의 이미지가 생생한 우리에게 국경이란, 견고하고 넘을 수 없는 것이라는 통념이 있다. 그런데 실질적인 국경은 말뚝이나 철책, 검문소만으로 유지될 수 없다. 돈이 가장 중요한 국경이다. 국경이란 거기서 물건과 사람이 멈추어서 입국이나 출국의 허락을 받아야 하는 곳이다. 그런데 돈이 같으면 물건과 사람의 왕래를 멈춰 세우기 어렵다. 자신의 물건을 다른 나라에 넘기고 바로 자기 나라 돈으로, 그것도 자기 나라에서보다 유리한 금액의 대금을 받을 수 있다면 상인들은 어떤 통로로든 물건을 내보낼 것이다. 마르크스가 말했듯이, 상품 앞에서는 만리장성도 아무런 장애가 되지 않는다.

그런데 돈이 다르면 허락 없이 상품을 이동시키는 데 상당한 부담이 생긴다. 다른 나라 돈으로 대금을 받으면 언젠가 자기 나라의 돈으로 바꾸어야 하는데, 환전의 길이 없든가 환전을 국가가 독점할 경우 허락받지 않은 무역은 결국 들통이 나게 된다. 그래서 오직 돈이 다를 때만 물건과 사람의 왕래를 통제할 수 있는 국경이 기능을 발휘할 수 있는 것이다. 유럽의 화폐 통합이 실질적인 유럽 통합의 완성임을 알기에 유럽연합 반대자들이 그렇게 화폐 통합에 반대했던 것이다.

서독과 동독이 통일될 때, 흡수통일의 상징은 무엇이었을까? 헬무트 콜Helmut Kohl이 통일독일의 수상이 되었다는 것? 물론 그런 점도 있었을 것이다. 하지만 가장 상징적인 흡수통일의 모습은 통합 협상이 끝나자 바로 동독 지역의 모든 시민에게 일인당 몇백 마르크씩을 나누어준 것이다. 그 돈으로 서쪽에서 온 바나나와 초콜릿을 사 먹으면서 동독 주민들은 흡수통일을 받아들인 것이다. 우리나라가 통일하는 모습을 보고 싶은가? 누가 우리 돈을 북한에서 통용되는 화폐로 만들어보라. 그날부터 흡수통일은 진행된다.

미국은 독특한 국경을 가지고 있다. 다른 나라 사람들은 미국에 들어가기가 참 힘든데, 그 나라 사람들은 다른 나라에 쉽게 들어간다. 미국 국경의 이런 묘한 성격도 돈과 밀접한 연관이 있다. 바로 달러의 세계화폐 기능 때문이다. 달러가 세계화폐 기능을 갖기 때문에 미국인은 세계 어디서나 자유롭게 움직이는 것이다. 제 돈을 가지고 가서 그냥 쓸 수 있으니 미국인들에게는 세계의 많은 나라가 곧 제 나라인 셈이다. 반대로 세계화폐로서의 달러가 갖는 프리미엄(달러만 있으면 세계의 어떤 물건도 구입할 수 있는 매력), 그리고 임금수준 등은 사람들을 미국으로 불러들이는 강력한 유인 요소다. 그래서 미국은 입국을 엄격하게 통제하지 않을 수 없다.

돈과 이방인

'친구와 적과는 돈거래를 하면 안 된다'는 서양 속담이 있다. 친구와 돈거래를 하면 우정이 상하기 쉽고 적과 거래하면 떼일 수 있기 때문이다. 그런데 이 말을 달리 이해해 보면 적과 친구 빼고는 누구와도 돈거래를 할 수 있다는 뜻이 된다. 돈거래에서는 사람의 구체적인 특질이 문제되지 않는다.

　돈거래 이외의 많은 사회적 교류에서는 사람의 구체적 특질이 중요하게 작용한다. 결혼만 보아도 인종과 학력, 출신지, 가문 등 얼마나 많은 특질들이 작용하는가. 이방인은 왜 많은 사회적 활동에 참여하기 어려운가. 그들에게는 취득이 원천적으로 봉쇄된 자격이나 사회적·가족적 연결망이 사회적 교류에 요구되기 때문이다. 그런데 돈거래에서는 사람의 구체적 특질이 문제가 되지 않는다. 사람들은 이방인의 돈도 조건만 맞으면 빌려 쓸 수 있다. 그래서 한 사회의 이방인이 부를 축적할 수 있는 가장 좋은 방법은 돈거래에 관여하는 것이었다.

유럽에서는 유대인들이 돈만 안다는 아주 오래된 편견이 있다. 그들은 사회의 이익을 생각하지 않고 고리대금업을 통해 자신들의 돈을 늘리는 데만 골몰한다는 것이다. 그런데 유대인들에 대한 이런 편견은 사실 원인과 결과가 뒤바뀐 것이다. 유대인은 공동체에 제대로 끼워주지 않았기 때문에 다른 사회적 활동이 불가능했고, 결과적으로 그들은 오직 돈거래를 통해서만 부를 축적하고 사회적 힘을 가질 수 있었던 것이다.

우리나라에 사는 화교에 대해서도 유대인과 비슷한 편견이 있었다. 그들은 돈을 버는 데만 골몰하고 돈을 벌어서는 꼭꼭 쌓아두며, 고리대금업 가운데 상당 부분이 그들의 것이라는 편견 말이다. 그들이 가진 돈의 규모가 커서 박정희 정권은 그들에게 토지취득권을 주지 않았다. 이 역시 원인과 결과가 바뀐 것이다. 정치·사회·문화적 이유로 그들에게 사회적 활동의 기회가 제대로 주어지지 않았기 때문에, 그들은 돈을 벌고 돈거래를 통해서 돈을 증식시키는 길 이외에는 자신들의 부와 사회적 지위를 만들 수 있는 방법이 없었다.

이방인의 지위가 이방인들로 하여금 돈에 관심을 쏟게 만들었지만, 또한 돈이 이방인을 없애는 데도 결정적인 역할을 했다. 가격표가 붙어 거래의 대상이 되면 될수록 생산품이나 사회적 활동들은 그것을 누가 만들었는지, 누가 그 활동을 하는지, 그리고 그 상품이나 활동이 누구를 위한 것인지는 문제가 되지 않는다. 돈은 모든 필요한 활동을 불러낼 수 있다.

나의 작은 철학

돈은 바로 지갑 속에 든 사회 그 자체다. 철저히 금전화된 사회에서는 이방인이 없다. 다만 돈이 많은 자와 적은 자가 있을 뿐.

돈, 소외와 자유의 동시적 근원

선물은 (강제된 것이 아니라면) 내가 주고 싶은 사람에게 주는 것이다. 봉사도 마찬가지다. 그러나 물자와 활동의 교환이 돈에 의해 매개될수록, 상품의 제공자가 누구이고 상품이 누구 손에 넘어가는지는 점점 문제되지 않는다. 같은 질의 물건을 더 싼값에 살 수 있는데 그 상대에게는 사기 싫어서 비싼 곳에서 산다면, 반대로 좋은 값을 받을 수 있는데 그 사람에게는 팔기 싫어서 다른 사람에게 더 싼값에 판다면, 적어도 그런 행동을 예외적으로가 아니라 지속적으로 하는 경우, 그는 시장에서 오래 버틸 수 없다. 돈은 마치 중립 공간 같은 역할을 해서 사람과 사람 사이의 구체적 특질은 서로 접촉할 필요가 없는 것처럼 보이게 한다. 오늘날 인터넷 쇼핑은 상품거래에서 거래자들의 구체적 특질이 얼마나 무용해졌는지를 잘 보여준다. 누가 파는지, 누가 사는지는 전혀 문제가 되지 않는다. 돈이 오고 가면 그만이다.

완성된 상품의 거래에서도 개인들의 구체적 특질이 문제

되지 않지만 생산 과정을 들여다보면 더욱 그렇다. 상품 생산자들과 달리 예술가는 보통 재료의 선정에서부터 작업의 마무리까지 모든 활동을 자신이 직접 한다. 그래서 예술 작품은 예술가의 구체적 특질과 떼어서 생각할 수 없다. 일반적으로 예술가들이 까다롭다고 하는데, 그 까다로움은 작업의 전 과정에 자신의 특질을 부여하려는 데서 비롯된 것이다.

그러나 상품 생산은 발달하면 할수록 분업에 의존한다. 작업의 효율을 높이는 데 분업은 필수적이기 때문이다. 그런데 분업에서는 상품을 구성하는 요소들 사이의 접속 가능성과 비용이 문제이지 분업에 누가 참여했는가는 거의 문제되지 않는다. 우리는 이미 우리가 사용하는 작은 소품들에서조차 그 부품이 누가, 아니 어느 나라, 어느 회사에서 생산된 것인지 대부분 알지 못한다.

어떤 활동을 누가 수행하는지가 문제되지 않는다는 것은 나의 활동이 언제든지 다른 사람에 의해 대체될 수 있음을 의미한다. 그리고 최종적으로 기계에 의해 대체되어도 문제될 것이 없다. 기계와 인간이 실제적인 경쟁 관계에 들어선 것은 분업의 결과다. 자신의 활동이 언제든지 다른 사람에 의해 대치될 수 있다고 여겨지는 것, 자신의 활동이 고유한 것으로 여겨지지 않는 것은 상품 생산 사회에서 발생하는 기본적인 소외다. 만일 자신과 생산 과정에서의 자신의 활동을 동일시한다면, 나는 동시에 내가 아니게 된다. 나는 나의 활동에서 나를 보지 못한다.

현대적 소외의 근원이 돈에 의해 사회적 활동이 매개되는 것에서 비롯되었다면, 소외 문제를 해결하기 위해서 돈 없는 경제를 만들어야 하는가? 실제로 화폐를 추방한 공동체를 건설하려 했던 사람들은 그런 생각을 한 것 같다. 그런데 그런 공동체가 대규모로, 그리고 지속적으로 성공할 수 있을까? 그 공동체와 공동체 밖 사이의 교환은 어떻게 이루어지는가? 공동체 구성원들의 2세대, 3세대들에게 공동체가 개인의 자유를 억압하게 되는 측면은 없을까? 이런 물음에 답을 내리기 위해서는 돈이 갖는 다른 측면, 돈이 바로 현대적 자유의 한 중요한 근원이라는 점을 고찰해야 한다.

자신의 활동이 다른 사람으로 대체될 수 있다는 것은 분명 소외감을 불러일으킨다. 그러나 내가 누구인지가 문제되지 않는다는 것은, 사실 나에게 사적인 자유의 공간을 마련해주는 것이다. 직업 활동에서 나의 구체적 특질이 문제되지 않기 때문에 직업 활동과 관련된 사람들이 나의 사적인 문제에 관여할 필요가 없다. 내가 실적을 내지 못하면 해고를 하면 되지, 내가 가정생활을 잘하는지 아닌지는 문제되지 않는다. 정치가 직업일 수 있는가 하는 논란이 있는데, 정치인의 사생활이 간혹 문제가 되는 것은 바로 정치가 완전한 직업이 아니라는 증거다.

사적인 자유, 사적인 일에서 자신의 선호에 따를 수 있는 자유, 다른 사람에게 자신의 내면을 투명하게 보이고 정당화하지 않아도 되는 자유, 이 자유는 현대인의 자유를 이해하는

데 아주 중요하다. 사적인 영역에서의 자유는 자유주의 철학의 두 축 가운데 하나이다(다른 하나는 사회적 참여권). 만일 사회적 활동이 돈에 의해 매개되는 것이 사적인 자유의 중요한 근원이라면, 화폐를 추방한 공동체에서는 사적인 자유를 어떻게 보장하는가가 중요한 숙제가 될 것이다. 아마 그런 공동체는 문화에서 자유주의가 아니라 완전주의적 도덕을 성공적으로 재생산해낼 때만 사적인 자유에 대한 열망을 문제없이 제어할 수 있을 것이다.

돈에 의해 움직이는 상품 경제가 소외의 근원이자 동시에 자유의 근원이라면, 전 사회적 차원에서 소외가 발생하지 않게 하는 경제가 도대체 가능할까?

돈과 욕망

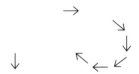

돈은 좋으나 지나친 욕심이 문제라고 이야기한다. 맞는 말이다. 그런데 이 말은 돈의 위력을 얕잡아본 측면이 있다. 만일 욕망이 이쪽 편에 있고 돈이 저쪽 편에 있다면, 돈에 대한 욕망을 통제하는 것이 좀 쉬울지 모르겠다. 높은 담을 쳐놓고 담 넘어가는 녀석만 막으면 될 테니까. 그러나 욕망이 담 넘어가는 것만 막으면 될 것이라는 생각은—에일리언이 이미 인간의 육체에 들어와 있듯이—욕망 속에 이미 돈이 깊숙이 들어와 있다는 점을, 욕망이 돈에 대해 이미 상당 부분 독립변수가 아니라 종속변수라는 점을 망각하고 있다.

　돈이 욕망의 대상이 된다는 것은 긴 설명이 필요하지 않다. 돈의 크나큰 매력은 상품사회의 조건에서 돈이 그 소유자에게 필요한 모든 사회적 활동을 불러올 수 있다는 데 있다. 돈은 필요한 물자와 서비스 활동들을 순식간에 운동장에 집합시키고 열병과 분열을 시킬 수 있는, 상품의 막강한 통수권자이다. 모든 것을 할 수 있는 수단은 더 이상 단순한 수단이 아니다. 그것은 욕망이 집중되는 아주 특별한 목적이 된다. 그래서 상품사회에서 소외된 자들의 가장 큰 꿈은 은행털이가 된다. 돈은 소외된 자들에게 단번에 그들이 갖지 못했던 사회를 가져다주기 때문이다.

그런데 돈은 욕망의 대상일 뿐 아니라 조직적으로 욕망을 산출한다. 상품경제에서 돈을 벌기 위해서는 다른 사람의 필요를 충족시키는 활동을 제공해야 한다. 필요가 고정된 것이라면 필요의 총량은 곧 상품경제의 절대한계를 규정하게 될 것이다. 그러나 상품경제는 상당히 일찍부터 이미 존재하는 필요에 자신을 제한하지 않았다. 상품경제는 끊임없이 새로운 필요를 창출한다. 온갖 종류의 욕망을 자극하고 주입하여 소비자의 지갑이 열리도록 만드는 것이다. 돈은 욕망을 부추기고 부추겨진 욕망은 충족을 위해 다시 돈을 욕망한다.

그러니 돈은 적당히 벌면 된다는 말이 별 효력을 발휘하지 못한다. 누군가는 다른 사람이 하는 걸 보고 자기는 절대로 그리하지 않겠다고 했는데 결국 모든 것을 다 따라하더라고 고백한다. 큰 차는 필요 없을 것 같았는데, 소득 수준이 어느 정도 올라가면 자신이 타던 소형차가 자꾸 불편하게 느껴진다. 아무리 작아도 식구 수대로 방이 있는 아파트면 좋겠다고 소원했는데, 사정이 나아지면 점점 아파트 평수를 늘려간다. 욕망의 언덕에 오르면 점점 넓은 경치가 펼쳐진다. 이전의 절실한 욕구가 채워지면 새로운 욕구가 이미 대기하고 있다. 인간의 욕망에 원래부터 끝이 없는 것이 아니라 돈의 경제가 욕망의 경계를 끝없이 넓힌다.

상품경제, 돈의 경제에서는 돈을 벌기 위해서 끝없이 다른 사람들의 욕망을 자극한다. 그리고 그들은 욕망을 충족시키기 위해 다시 돈을 욕망하고, 돈을 벌기 위해 역시 타인의 욕망을 자극한다. 이 같은 욕망의 무한한 확대와 순환은 정말 불가피한 것일까?

상징소비
─ 전근대적인 것도 탈근대적인 것도 아니다

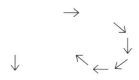

돈에 의해 사회적 활동이 매개되는 상품경제가 소외와 자유의 동시적 근원이라는 사실, 그리고 돈이 욕망의 확대를 자극한다는 이야기는 앞에서 했다. 이로부터 상징소비, 또는 기호소비가 전근대적인 유물도 아니고 탈근대적인 경향도 아니라 철저히 상품사회의 한 양상이라는 것을 알 수 있다.

자신의 활동이 누구에 의해서든, 심지어 기계에 의해서도 대체될 수 있는 상황은 자신의 정체성을 자신의 사회적 활동에서 찾지 못하게 한다. 그래서 현대인에게는 자신의 정체성, 자신이 고유한 자신으로 느낄 수 있는 영역에 대한 희구가 커진다. 가정이 지고한 행복의 장소로 '상상'되는 것은 그런 희구의 표현이다. 가정이 실제 그런 행복의 장소라이어서가 아니라 그런 곳이어야 한다는 희망이 투사된 것이다. 실제로는 매일매일 갈등이 일어나는 곳이 가정인데, 이런 가정 내 갈등의 바탕에는 아마 그런 무모한 희망과 현실 사이의 불가피한 괴리가 한몫을 차지할 것이다.

상품경제가 강요하는 '대체가능성', '순간성', '임시성'에서 벗어나려는 노력은 가정에 대한 희구 외에도 다양한 방식으로 이루어진다. 자신에게 지속성, 고정성, 식별가능성을 부여하는 것들을 갖추는 것이다. 골동품 수집 같은 경우 그런 필요를 만족시키는 아주 고급스러운 취향이라고 할 수 있다. 소비에서 벗어난 것을 갖춤으로써 순간성에서 완전히 벗어나 있는 기분을 맛보는 것이다. 골동품 수집처럼 특이한 경우가 아니더라도 여가, 취미, 동호회 활동 등도 자신의 고유성, 정체성을 확인하기 위한 노력의 일환이다.

그런데 돈의 경제가 만들어낸 정체성에 대한 욕구 역시 다시 돈의 경제에 피드백된다. 정체성에 대한 욕구마저 다시 이윤을 위한 약탈의 대상이 되는 것이다. 여가 산업은 이미 상품경제의 주요한 분야다. 행복한 가정에 필요한 물품을 업그레이드하기 위하여 엄청난 지출이 이루어진다. 수많은 상품이 고유성, 정체성을 느끼는 데 필요한 것으로 장려된다. 소비방식이 바로 상징소비 내지 기호소비, 즉 자신이 어떤 신분, 어떤 취향의 사람인지를 자신과 남에게 확인시킬 수 있는 방식의 소비가 되는 것이다.

아반떼를 타는 사람들이 스스로를 중산층으로 여기고 있을 때, 아반떼의 흔한 이미지를 부각시키고 중산층의 새로운 척도는 '쏘나타'라는 느낌을 만들어내면 스스로를 중산층이라 여기는 사람들은 아반떼 대신 쏘나타로 차를 바꾸려 한다. 같은 차종이라도 쏘나타I, II, III 등으로 번호를 붙여, 이미 몇

년 된 차를 가지고 있는 사람은 낡은 것을 가지고 있다는 느낌이 들도록 한다. 패션 감각을 세련된 사람들의 조건으로 만들면 엄청난 상품시장이 열린다. 색의 코디네이션만 해도 그렇다. 립스틱, 핸드백, 의상의 색이 조화를 이루어야 한다는 생각만 심어주면 해당 아이템들의 소비량이 기하급수적으로 늘어난다. 터질듯한 옷장 안에서 막상 입을만한 옷을 발견하기 힘든 현상은 모두 상징소비의 문제 때문이다. "그 옷을 입고 어떻게 나가느냐"는 것이다.

상징소비 또는 기호소비는 철저하게 상품경제의 산물이다. 오히려 신분사회에서는 상징소비가 그렇게 예민한 문제가 아니었다. 이미 소비할 수 있는 것들이 정해져 있기 때문에 소비를 통해서 자신의 정체성을 자신과 남에게 확인시키기 위한 노력이 그렇게 절실하지 않았다. 같은 의미에서 상징소비를 탈근대적인 현상이라고 보는 것 역시 아무런 근거가 없다. 상징소비는 상품경제 논리의 연장선상에 있을 뿐이다.

상품경제의 매력

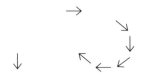

상품경제를 비판하는 사람들은 너무 빨리 자본가들의 탐욕스러운 이윤추구나 노동자 착취, 소외 등 부정적인 목록만 열거하지 않는 것이 좋겠다. 또 계획경제의 경우도 정치가들의 권력욕이나 잘못된 계산, 혹은 자본주의 국가들의 집요한 방해에 의해 왜곡된 것이었을 뿐 원래 충분히 성공할 수 있었던 것이라고 심정적인 판단을 내리지 않는 것이 좋겠다.

이미 아리스토텔레스의 빛나는 통찰이 알려주듯이, 계획경제의 난점은 권력의 집중이 불가피하다는 것이다. 혹자는 민주주의가 충분히 발달한 후 계획경제를 실행하면 문제가 해결될 것이라고 말한다. 공산주의 국가들의 불행은 생산력도 낮고 민주주의가 발달하지 않은 후진국에서 실험된 데서 비롯되었다는 것이다. 실제로 많은 서구 사회주의자들은 공산주의 국가들의 실망스러운 정치·경제적 현실, 그리고 몰락을 접하면서 그런 생각으로 자신들을 위로했다.

앞선 글에서 말했지만 돈을 매개로 하지 않은 경제활동

에서는 사적인 자유의 여지가 적다. 재화의 적절한 부족 상황, 즉 재화를 무한정 사용할 수 없는 상황을 가정하자. 돈을 매개로 재화의 분배가 이루어진다면, 돈을 잘못 사용한 책임은 돈을 사용한 사람에게 돌아간다. 그러나 계획에 따른 분배가 이루어지는 사회에서는 한 사람이 적절한 역할을 해내지 못하든가, 혹은 한 사람에게 재화가 과다하게 배분되는 것은 '다른' 사람들의 피해로 귀결된다. 그래서 '각자의' 필요에 대한 '공동의' 해석을 내리고 그에 따라 서로의 행위를 조정해 나가야 한다. 각자가 필요한 목록을 작성하면 그 필요들의 진정성과 우선순위를 공동으로 정해야 하는 것이다. 개인의 필요의 진정성에 대해 공동의 해석이 내려져야 한다면 이미 사적인 자유의 공간은 극단적으로 축소된다. 사적인 자유는 '각자의' 필요에 대해 '각자가' 해석을 내릴 수 있다는 데서 시작된다. 과거 공산주의 국가 사람들이 서방 사회를 동경할 때, 그 이유가 상품 만큼이나 '자유'였던 점을 상기하자.

일반적으로 상품경제의 가장 중요한 매력은 역시 다양하고 풍부한 상품일 것이다. '싸고 좋은good and cheap'을 특징으로 내세운 상품들이 있는데, 상품사회의 장점을 가장 잘 표현한 문구인 것 같다. 한정된 돈(자원)을 가지고 있고 잘못 사용할 경우, 그 고통이 자신에게 돌아오는 개인에게 싸고 좋은 상품의 매력은 떨칠 수 없는 것이다. 그 매력이 얼마나 큰지, 싸고 좋은 물건은 필요하지 않아도 무조건 사는 소비 형태까지 등장한다. 할인점을 경멸하는 부자도 있겠지만, 할인점은 번성하지 않을 수 없다. 어쨌든 소비자의 이런 선택적 경향은 상품경제를 극단적으로 효율적이게 만든다. '싸고 좋은'의 기준을 만족시키지 못하는 생산자는 시장에서 살아남기 어렵기 때문이다. 기호와 상징의 이유에서 '값비싼expensive' 깃만을 찾는 소비자들도 있긴 하지만, 같은 질의 상품이라면 효율적으로 생산하고 저렴한 가격으로 판매할 수 있는 자들이 경쟁우위를 갖는 것은 상품경제의 근간이다.

사적인 자유, 상품의 다양성과 효율성이 돈을 매개로 한 상품경제 이외의 경제체계에서는 실현되기 힘들다면, 도대체 상품경제에 이의를 제기하는 이유는 무엇인가? 앞선 글에서 지적한 것처럼 소외 등의 문제는 있지만, 그렇다고 다른 경제체계를 선택하기에는 사적인 자유와 '싸고 좋은'의 매력은 너무 큰 것 아닌가?

상품경제의 한계 (1)

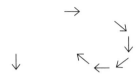

상품경제의 매력은 사적 자유와 경제적 효율성에 있다. 나는 상품경제와 관련하여 문제를 제기할 때, 사적 자유와 경제적 효율성을 진지하게 고려하지 않은 비판을 별로 신뢰하지 않는다. 우선 고백하자. 상품경제만이 사적인 자유를 보장하고 최상의 경제적 효율성을 달성할 수 있다는 조건하에서 나는 상품경제 외에 다른 경제체계를 선택할 생각이 없다. 그러나 나의 이 고백으로부터 너무 많은 것을 기대하지 않길 바란다.

상품경제는 무한확장의 논리를 갖는다. 만일 경제체계가 완전히 자족적인 체계라면 상품경제의 무한확대는 아무런 문제가 되지 않는다. 상품경제는 상품의 다양성, 효율성을 극대화할 것이기 때문이다. 그러나 경제체계는 자족적인 체계가 아니다. 생산과 소비를 하는 인격, 사고방식과 규범, 자기이해, 상호교류에 관련된 문화, 그리고 재료공급자이자 폐기물의 최종분해자인 자연과 밀접하게 연결되어 있다. 도대체 상품경제의 장점과 문제점이 '평가'되는 것은 바로 경제체계가 관계 맺고 있는 다른 체계에서다(돈은 스스로를 평가하지 않는다). '생산자'가 보기에 상품경제는 사적인 자유를 가져다주었고 '소비자'가 보기에 상품경제는 '싸고 좋은' 상품을 제공하기에 만족스러웠던 것이다.

내가 우선 강조하고 싶은 것은 생산자와 소비자에게 상품경제가 만족스러웠던 것은 특정한 역사적·사회적 조건이 전제되었기 때문이라는 점이다. 신분 질서, 억압적 관계를 바탕으로 한 경제 활동의 부자유, 부족한 물자로 인한 고통 등의 현실과 그러한 기억이 있는 조건에서 상품경제의 매력은 저항할 수 없는 것이다. 상품경제는 바로 경제 외의 체계에서—모두에게는 아니었겠지만—환영할 만한 것이었다. 상품경제가 문제점을 노정하기 시작할 때는 상품경제의 무한확장의 논리가 경제 외의 다른 체계에 이익보다 부담을 주기 시작하는 경우다. 몇 가지만 예를 들어보자.

특정한 역사적 조건에서 상품경제의 확산은 사적인 자유의 확대를 가져왔다. 그러나 '이미' 사적인 자유가 '권리'로서 당연시되는 조건에서 상품경제의 확대는 더 이상 자유의 확대로 경험되지 않는다. 긴 노동시간, 적은 임금, 직업의 불안정성이 '당연한 권리로 여겨진 자유'를 누리는 데 제약을 가져온다고 여겨지면, 상품경제의 확대는 오히려 자유의 제약으로 경험되기도 한다. 다니엘 벨Daniel Bell이 자본주의의 문화적 모순을 말할 때 염두에 둔 것은 주로 이런 상황이다.

싸고 좋은 상품의 매력은 크게 감소하지 않았지만, 시간이 갈수록 많은 사람들이 이 절대적인 매력에서 떨어져나갔다. 중심부의 주변부에 대한 착취, 자연환경의 훼손, 미래세대의 권리에 대해서 예민해진 사람들은 상품의 가격에 반영되지 않은 비용들을 계산해낸다. 그 비용을 직시하면 '싸고 좋은' 상품의 매력이 과장되어 있음을 인정하지 않을 수 없다. 물론 이런 평가는 철저하게 현재의 조건에서 이루어지는 것이다. 자연환경의 자기재생능력을 고려할 필요를 느끼지 못했던 시기에, 또 먼 미래세대를 고려할 여유가 없었던 시기에 '싸고 좋은' 상품의 매력은 거의 절대적이었다.

현 단계의 상품경제가 삶의 양식에 요구하는 변화도 상당히 부담스러운 것이 되었다. 삶의 양식의 변화야 언제나 사회의 어떤 사람들에게는 부담이었다. 하지만 이번에는 그 변화가 상품경제의 초기에서처럼 자유의 확대로 이어지는 부담이 아니라는 데 있다. 오늘날 상품경제는 개인들에게 극단적인 유연성과 유동성을 요구한다. 그러나 오늘날 요구되는 유연성을 다 갖춘다는 것은 개인들의 학습능력을 고려했을 때 거의 불가능하다. 끊임없이 배우지만 대다수의 사람들은 좌절감을 맛보게 된다.

유동성도 큰 부담이다. 이동 능력이 높아진 자본에 맞추어 개인들도 자신에게 최적의 일자리가 있는 곳으로 신속하게 옮겨갈 수 있어야 한다. 상품경제는 이미 '고향'을 없애버린 지 오래다. 이제는 많은 사람들에게 가족의 유지조차 사치스러운 것이 되어버렸다. 어느 정도의 장소 고정성이 없으면 가족을 유지한다는 것은 상당히 어려운데, 현재의 상품경제는 그것을 어렵게 만든다. 우리처럼 가족에 많은 가치를 두는 사회에서는 아직까지 온갖 역경을 무릅쓰고 가족을 유지하려고 하지만, 이 부담을 앞으로 어떻게 처리해나갈지는 두고 볼 일이다. 일단 한 가지 중요한 점을 기억해야 한다. 상품경제를 매력적으로 만들었던 역사적 조건이 부분적으로 유효성을 상실했다는 점이다.

나의 작은 철학

돈과 직업, 동료애

요즘 아이들에게 장래 무엇이 될 것이냐고 물으면, 흔히 '돈 많이 벌 수 있는 일'을 하고 싶다고 대답한다. 이미 아이들에게 일의 내용이 아니라 일의 결과가—그것도 '돈'이—직업 선택의 가장 중요한 기준이 된 것이다. 어릴 때부터 '돈'만 아는 세태를 개탄하는 이들도 많을 거다. 그러나 잠시 그런 심정은 뒤로 미루시라. 아이들은 우리가 세상을 읽어낼 수 있는 가장 훌륭한 교과서다. 내가 말하고자 하는 것은 상품경제의 완성과 함께 자신이 하는 일의 '내용'과 자신을 동일시하는 직업관이 해체되고 있다는 것이다. '돈'을 생각하는 아이들의 의식이 낯설게 느껴진다면, 그것은 우리들이 부분적으로 상품경제 이전의 경제 형태에 대한 추억을 가지고 있기 때문이다. 상품경제의 완성 단계에서 성장한 아이들은 우리와 다른 직업관을 갖는 게 당연하다.

여러분들은 상품경제의 완성이라는 것이 어떤 것인지 실감하는가? 과거 농촌과 오늘날의 농촌을 비교해보라. 많은 농가에서 이미 농산물을 상품으로 생산한다. 스스로 소비하기 위해서 생산하는 것이 아니라 시장에 판매하기 위해서 생산하는 것이다. 상품으로 생산할 경우 가장 중요한 것은 이윤이다. 비닐하우스에서의 계산은 공장 사무실에서의 계산 방식과 다르지 않다. 이윤을 내지 못하는 상품은 생산자에게 저주다. 그런 상황에서 일의 '내용'과 자신을 완전히 결합시킬 수는 없다. 가령 오이나 호박을 대량으로 재배하는 농민이 값이 폭락해 밭을 갈아엎는데, 그때 오이와 호박이 예뻐 보이고 그것들을 재배하는 일 자체가 자신의 천직으로 여겨질 리가 없다.

시장을 겨냥해 농산물이 재배되는 것은 물론이요, 생선과 기러기까지 양식되고 있으니 가히 상품경제의 완성 단계에 이르렀다고 할 수 있다. 상품경제에서 활동의 목표가 돈을 버는 것이라면 일의 내용은 점점 문제가 되지 않는다. 이렇게 말하는 사람도 분명 있으리라. "물론 돈 버는 것은 중요하지. 그러나 무엇으로 돈을 버는지가 더 중요한 것이야"라고. 맞는 말이다. 그런데 그런 말 역시 상품경제의 초·중기 단계에 대한 향수를 표현하는 것에 불과하다. 상품경제에서 중요한 것은 상품이라는 마술 상자 속에 기러기가 들어가든, 오리가 들어가든, 아니면 TV가 들어가든 뚜껑만 열면 돈으로 변모되어 나오는 것 아닌가?

달라진 직업관을 가장 극명하게 보여주는 직업이 증권이나 금융업 같은 것이다. 돈을 돈과 비슷한 유가증권에 투자했다가 다시 돈으로 회수하는 직업 말이다. 유가증권에 대한 투자는 성가시게 구체적인 상품에 투자되었다가 판매과정을 거쳐 화폐로 회수하는 '느리고 지저분한' 변신 과정을 거치는 것이 아니라 화폐 자체의 '신속하고 깨끗한' 변신 과정이다. 여기서는 일의 결과만 돈이 아니다. 내용이 곧 돈과 관련된다. 이런 직업이 선망되는 것이야말로 일의 내용과 분리되는 직업관을 보여주는 것이다.

　　일의 내용과 자신을 동일시하지 못하니 동료애라는 것도 뿌리를 내리지 못한다. 내가 하는 일의 내용과 나를 분리하지 않을 때 같은 일을 하는 사람에 대한 정이 생기는 것이다. 상품사회에서 진한 동료애는 역설적이게도 상품경제 사회가 요구하는 유연성과 유동성을 따라가지 못하는 자들 사이에서나 남아 있다. 배운 것이 없거나, 혹은 어떤 이유에서건 자신이 하는 일의 장소와 내용, 수단에 묶여 있는 자들, 육체노동자와 수공업자들, 그리고 업종이 위기에 처했으나 변신을 하기 어려운 자들이 그런 사람이다.

　　현대인들이 왠지 불행하다고 느끼는 것은 일의 내용과 자신을 동일시하지 못하는 것, 또 같은 일을 하는 사람들과 동료애를 형성하기 어려운 사회적 조건과 상관이 있다. 현대인은 일 안에서 무료하고 일 밖에서 공허하다.

상품경제의 한계 (2)
─ 사적 계산의 역설

나는 앞에서 상품경제의 매력이 사적 자유의 극대화와 경제
적 효율성으로 압축된다고 했다. 그런데 상품경제에서 사적
자유와 효율성은 근본적으로 '사적 계산'에 의존한다. 무엇을
구매할 것인지, 시장에 어떤 상품을 내놓을 것인지를 결정하
는 것은 개인이다. 사적 계산에 의존하기 때문에 사적 자유가
보장된다. 또 자신의 계산 실패는 곧 자신에게 고통으로 돌아
오기 때문에 수요의 예측과 창출, 생산, 유통 등 모든 과정에
서 합리적으로 계산할 것을 요구받는다. 사적 계산의 합리성
은 상품경제 속에서 누구나 요구받는 것이다.

　상품경제에서 발달한 사적 계산은 상품 외의 것들을 상품
과 연관시켜서만 고찰하게 만든다. 상품과 관련지어 고찰하
면 인간은 노동력이고 자연은 자원이며 폐기물 처리장이다.
인간이 노동력이 아닌 적이 있었고 자연이 자원이며 폐기물
처리장이 아닌 적이 있었던가? 문제는 사적 계산이 정언명령
이 되면, 인간이 노동력으로'만', 그리고 자연이 자원과 폐기

　　　　　　　　　　　　　　나의 작은 철학

물 처리장으로'만' 이해된다는 것이다.

그렇지만 이것이 사적 계산이 지닌 문제의 끝은 아니다. 좀 더 근본적으로 물어야 한다. 인간이 노동력으로'만', 자연이 자원과 폐기물 처리장으로'만' 이해되는 것이 잘못인가? 아니다. 일면적이지만 결정적인 문제는 아니다. 언제 사회가 인간과 자연에 대해 전면적 관계를 가졌던가. 일면적 관계는 그것이 성취하지 못한 것에 대한 아쉬움을 은폐하고 전면적인 것으로 행세할 때 문제가 된다. 위험은 인지하고 대처하면 위기가 되지 않을 수 있지만, 그 존재가 부인되고 망각될 경우 위기로 나타나는 것처럼 말이다.

인간과 자연에 대해 일면적 이해만을 가졌다 하더라도 최소한 그것이 '집합적' 계산에 의해 뒷받침되고 비용도 '집합적으로' 배분된다면, 상품경제의 논리만으로도 인간과 자연에 대한 착취는 어느 정도 제어될 수 있다. 그러나 사적 자유와 효율성이라는 상품경제의 성과를 가져왔으며, 그 때문에 거의 정언명법화된 계산 방식이 사적 계산이다. 사적 계산에서는 자신이 투입한 것과 자신에게 돌아오는 것만이 '직접적' 문제다. 집합적 비용은 간접적으로만, 즉 자신에게 돌아오는 비용으로서만 계산된다. 이런 계산법에서는 노동력과 자연을 착취해도 비용은 분산되고 효용은 자신에게 집중되기 때문에 착취를 삼갈 이유가 없다. 단순히 이유가 없는 정도가 아니다. 상대도 같은 사적 계산을 할 것이기 때문에 그렇게 하지 않으면 자신은 효용은 잃고 비용을 감당하는 자가 되어 상품경제에서 버틸 수 없게 된다. 사적 계산은 상품경제에서 생존을 위한 불가피한 계산이다.

내부적으로 극단적으로 합리화되고 외부적으로 극단적으로 비합리적이 되는 것(일찍이 루카치Georg Lukacs는 이것을 자본주의의 근본적 문제로 파악했다), 이것이 상품경제가 강화하는 사적 계산의 지적 한계다. 집합적 계산을 유도하고 강제할 의사소통과 규범적 장치가 없으면, 화려한 상품경제는 그 배면에 쇠잔한 인간의 무리와 피폐한 자연이 형성되고 있음을 쉽게 망각하게 된다. 상품경제의 가장 큰 한계는 바로 사적 계산 자체에서 오는 한계가 아니라 사적 계산이 한계를 가지고 있다는 사실을 인식하지 못하게 하는 구조적 요인, 말하자면 이차적 한계에 있다. 상품경제의 화려함은 '우리'의 합리성 때문이고 빈곤과 피폐는 '저들'의 비합리성 때문이라고 여기는 것이 오늘날 상품경제의 사유 수준이다.

상품경제의 한계 (3)
─상품의 평등, 인간의 불평등

다음은 고전경제학자들을 괴롭혔고 마르크스가 그에 대한 해답을 찾았다고 생각한 유명한 경제학적 문제다. 상품들 사이에 등가교환이 일어난다고 할 경우, 이윤의 발생은 어디서 비롯되는가? 마르크스에 익숙하지 않은 사람도 있을 테니 짧게 해설하고 넘어가기로 한다.

완전시장, 즉 모든 정보가 공개되어 있고 유통비와 유통속도를 무시해도 되는 조건을 생각하자. 등가교환이란 같은 가치를 갖는 것끼리 교환되는 것을 말한다. 완전시장은 A를 B와 교환하고, B를 다시 A와 교환할 수 있는 상황이다. 이 경우 교환에 의해서 사용가치상의 이익은 발생할지 모르지만 이윤, 즉 경제적 이익은 전혀 발생하지 않는다. 만일 시장에서 등가교환이 일어난다면 이윤은 어디서 발생하는가? 이윤의 발생은 시장의 불완전성에 기인하는 것인가? 시장이 완전해질수록 이윤은 사라지는 것인가?

유명한 마르크스의 답은 이렇다. 상품들 사이에는 등가교환이 일어나는데, 오로지 한 가지 상품, 노동력이라는 상품만은 등가교환의 대상이 아니다. 노동력도 일종의 상품으로서 구매되는데, 노동력이 기여한 만큼 보수로 주지 않음으로써, 다른 모든 상품들 사이에 등가교환이 이루어짐에도 불구하고 이윤이 발생한다는 것이다. 상품들 사이의 등가교환은 자본주의가 부등한 사회적 관계에 기초하고 있음을 은폐한다. 이것이 마르크스의 빛나는 통찰인 '상품의 물신성'이다.

상품경제는 승자와 패자가 있는 경제다. 다만 사적 계산에 기초하기에 승리뿐 아니라 패배도 자신의 몫이다. 상품경제 안정성의 한 가지 중요한 요인은 바로 패배를 자기의 책임으로 돌리게 하는 데 있다. 민주주의의 안정성도 바로 패자가 책임을 자신에게 돌리는 데서 기인한다. 패자가 패배를 받아들이지 않는 게임은 어떤 게임이든 불안정하다. 실패하는 수많은 사람들이 있지만 좌절은 분산되고 사적으로 처리된다. 실패의 처리비용이 최소인 경제, 그것이 상품경제다. 반면에 계획경제의 중요한 난점은 개인적 좌절을 막을 수 있지만, 실패의 처리비용이 누적된다는 데 있다.

실패를 자신에게 돌릴 수 있는 것은 등가교환이 자연적 사실처럼, 나아가 공정한 것으로 여겨지기 때문이다. 언덕에서 구른 사람은 자신의 불운이나 부주의함을 탓할지언정 언덕이나 타인을 탓할 수는 없다. 그러나 등가교환은 상품들 사이의 관계에 대해서는 공정하지만 '바로 그 때문에' 인간들 사이의 부등적인 관계를 조장한다. 시장에서 인정되는 가치보다 적은 비용으로 생산하는 자는 이윤을 얻겠지만 더 많은 비용을 들여 생산하는 자는 손해를 본다. 그래서 생산성이 중요해지는데, 생산성이 앞서는 자가 이익을 볼 수 있기 때문이다. 그런데 개방된 시장에서 '다수'가 생산성에서 앞서가는 것은 불가능하다. 다수가 도달한 생산성은 이미 평균의 생산성이고, 이것은 이윤의 토대가 되지 못한다. 상품경제는 끊임없는 생산성 경쟁을 유발하고, 그래서 승자와 패자 없는 상품경제는 있을 수 없다.

생산성만으로 승자와 패자를 가린다면, 상품경제는 철저히 합리적인 경제일 것이다. 고수가 하수를 이긴 것뿐이다. 그런데 무림에서 하수가 버젓이 살아남고 때로는 고수보다 더 큰 권세를 누리기도 하듯이, 생산성이 뒤지는 자가 곧바로 패배자가 되는 것은 아니다. 노동력과 자연에 대한 혹독한 착취를 통하여 생산성의 낙후성을 만회할 수 있다. 상품에는 착취가 각인되어 있지 않기 때문에, 그리고 구매자는 사적 계산에 따라 행위하기 때문에 착취의 과거는 상품의 화려한 현재에 아무런 흠이 되지 않는다.

역설적인 상황이지만, 노동조건을 규제하고 배출물질을 통제하는 것은 그 자체로 해결책이 될 수 없다. 상품경제의 논리를 무제한으로 타당하게 둘 경우, 그것은 오히려 생산성 높은 자의 독식을 부추기고, 패자들을 절망으로 이끌 것이다. 인도의 아동노동을 금해야 한다는 주장에 맞서 아동노동의 금지가 바로 아동들의 기아로 이어진다고 말한 어느 경제학자의 말은 틀리지 않다. 일하지 않으면 보수가 없고, 후진적인 생산성 탓에 착취에 의존하는 기업일지언정 살아남아야만 일자리가 유지된다.

상품들 사이의 '공정한' 관계는 거의 불가피하게 인간들 사이의 부등 관계를 조장하고 재생산한다. 분명히 하자. 인간들 사이의 부등 관계는 상품경제가 처음 가져온 문제도 아니고 상품경제에서 가장 심각한 것도 아니다. 무조건 상품경제를 타파하면 되는 것이 아니다. 중요한 점은 상품경제가 부등한 인간관계를 수정할 수 있는 가치, 가령 평등의 가치 등이 싹틀 수 있는 자리를 건조시키는 경향이 있다는 것이다. 부등의 인간관계가 자연적이지도 불가피한 것도 아닌데 그러한 것으로 여기게 만드는 것, 그래서 물질적 풍요와 극단의 빈곤, 오만과 야만의 공존을 불가피한 것으로 받아들이게 만드는 것, 상품의 평등한 관계(등가교환)를 위하여 사람 사이의 불평등을 받아들이게 만든 것, 그것이 상품경제가 가져온 규범적 기적이자 한계이다.

상품경제의 한계 (4)
─ 상품경제와 백색사회주의

삼성에는 노조가 없다. 현대는 노조가 강하다. 누군가는 여기에서 노조가 없어야 경제가 잘 된다는 결론을 도출하고자 한다. 물론 건전하지 않은 추론임은 분명하다. 삼성은 노조가 있는 기업들보다 더 나은 대우를 해줌으로써 노조의 존재 이유를 없앨 뿐이다. 일종의 백색사회주의이다. 삼성식의 백색사회주의는 보통 수익성 높은 몇몇 기업이 할 수는 있어도 모든 기업이 할 수는 없다. 노조가 없어서 잘 되는 것이 아니라 잘 되기 때문에 노조를 없앨 수 있는 것이다.

그런데 백색사회주의가 한 기업이 아니라 한 국가의 차원에서 일어날 수도 있다. 생산력이 아주 높은 국가라면 국민 다수가 다른 국가의 소수만이 누릴 수 있는 물질적 수준을 누리게 할 수 있다. 미국은 강하게, 서유럽의 국가는 좀 약하게 그런 경향을 보여왔고, 20세기 말 백색사회주의는 적색사회주의에 승리를 거두었다.

백색사회주의의 가장 중요한 기반은 생산성이다. 파이가

커야 분배의 몫도 커진다는 흔한 이야기는 옳다. 그런데 파이 이야기를 좀 더 진행시켜보자. 백색사회주의를 성공시키려면 파이를 크게 유지하는 노력과 함께 먹을 사람의 숫자를 적절히 통제해야 한다. 파이가 커져도 먹을 사람이 많아지면 돌아가는 몫은 줄어들고 불만이 커질 것이기 때문이다.

높은 생산성이란 언제나 비교 개념이다. 같은 상품을 다른 제조업자보다 덜 효율적으로 만들면 시장에서 경쟁력을 가질 수 없다. 그런데 경쟁의 조건에서 비교우위라는 것은 불안정한 리드일 뿐이다. 더욱이 상품의 배후를 묻지 않는 조건에서 장시간 노동이나 무참한 자연파괴를 감수하며 경쟁하는 상대와 겨룬다는 것은 쉬운 일이 아니다.

경쟁우위를 지키기 위한 선택은 세 가지다. 첫 번째는 상대가 죽기 살기로 덤벼들어도 아예 만들 수 없는, 높은 기술력을 요하는 상품을 고가로 '전 세계'에 판매하고 죽기 살기로 일해서 만들어야 하는 상품은 상대 국가로부터 싼값에 사들이는 것이다. 두 번째는 다른 국가들에게도 자국과 같은 조건에서 생산하도록 규제를 가하는 것이다. 그리고 마지막은 자신의 국가에서도 열악한 노동조건을 감수하도록 만드는 것이다. 경쟁이 치열해지면서 실제 이런 세 가지 방안은 한꺼번에 진행되고 있다.

백색사회주의를 건설하는 데 위의 세 가지 선택과는 다른, 그러나 아무 국가나 할 수 없는 종류의 길이 하나 있다. 그것은 경쟁에서 배제된 고가의 품목을 독점적으로 생산하는 것이다. 군수품이 대표적이다. 미국이 세계경찰 노릇을 하는 것은 카우보이 습성 때문이 아니라 군수산업의 독점이 미국식 백색사회주의의 주요 기반이기 때문이다. 미국은 언제든지 전쟁 도발 국가를 응징할 태세가 되어 있지만, 전쟁을 방지하기 위한 노력은 할 생각이 별로 없다.

그런데 파이의 크기를 말하는 사람들은 파이가 커도 먹을 사람이 많아지면 분배의 몫이 적어진다는 점을 잘 말하지 않는다. 파이를 키우면서 먹을 사람의 숫자를 통제하지 않으면 백색사회주의는 성공할 수 없다. 그래서 국경 없는 백색사회주의는 성립할 수 없다. 여기에 미국이 주도하는 세계화의 묘미(?)가 있다.

자본과 상품의 이동에 걸림돌이 되는 것은 모두 제거하라고 강요하지만 자신들의 노동시장을 개방할 생각은 없다. 시민의 지위를 개방하는 것도 절대 생각하지 않는다. 백색사회주의가 주도하는 세계화는 실제로 많은 자양분을 음습한 토양으로부터 흡수하고 있다. 그러면서도 필요한 것을 모두 밝은 태양광으로부터 합성한 것이라고 생각하는 오만을 부린다. 아래부터 위로 자양분이 이동하는 것은 허용하지만 위에서 합성한 영양을 밑으로 내리는 데는 인색하다. 그래서 '열매중심주의' 이상이 되지 못한다.

착취에 관하여(1) 상품가치의 지표

노동이 산출한 재화의 가치를 측정하는 방법은 무엇일까? 마르크스는 한 재화를 생산하는데 "사회적으로 필요한 노동시간"을 그 기준으로 제시했다. 만일 어떤 사람이 특정한 재화를 생산하기 위해 사회적으로 인정되는 시간보다 실제로는 더, 혹은 덜 투여했더라도 그의 생산물은 사회적으로 인정받는 것, 즉 동일한 노동시간이 투여된 것으로 간주된다. 그래서 숙련되지 못하거나 게으른 사람은 시장에서 패배하게 된다. 직감적으로 설득력 있어 보이는 이 견해는 특수한 전제, 즉 상품이 시장에서 지나치게 많지도, 지나치게 적지도 않은 상태를 전제로 할 때만 그 설득력이 유지된다.

만일 시장에서 어떤 재화가 넘쳐서 일부가 판매되지 않으면 어떻게 될까? 마르크스는 그 경우 사회적으로 필요한 노동시간이 평가절하된다고 보았다. 이건 무슨 소리인가? 그렇다면 사회적으로 인정되는 필요 노동시간은 결국 시장에 의해서 결정되는 것이고, 이것은 수요와 공급의 문제로부터 자유로울 수 없는 것 아닌가? 역설적이게도 사회적으로 필요한 노동시간은 시장으로부터 역으로 추정되는 것이지, 생산 현장에서 결정되어 시장에서 관철되는 것이 아니다.

사회적으로 인정되는 노동시간이 재화의 가치를 결정하는 경우는 사실 상품경제에서가 아니라 계획경제에서다. 계획경제에서는 사회적 필요들을 계산한 다음에 필요를 충족시킬 재화의 종류와 양이 정해진다. 그리고 기술 수준과 사람들의 능력에 따라 각 재화를 생산하는데 사회적으로 인정될 수 있는 노동시간을 정하고 사람들의 능력과 희망을 고려하여 재화의 생산을 할당한다. 각 사람은 한 재화를 생산할 때 실제 그보다 적은 시간을 투여했든, 많은 시간을 투여했든 같은 시간을 일한 것으로 인정된다. 그리고 그에 따라 대가를 지불받는다. 그 대가를 가지고, 동일한 시간의 노동산물로 인정되는 다른 재화와 교환할 수 있다.

이런 조건이라면 노동시간이 재화의 가치를 결정한다. 그러나 이 경우는 재화의 가치와 노동시간이 사회적 합의를 통해 '이미' 맞춰져 있는 것이다. 그러나 상품경제에서는 재화의 가치는 '사후에' 결정된다. 상품생산자에게 확실한 것은 '투여된' 재화가치 밖에 없다. 투여된 재화가치가 얼마나 이윤을, 혹은 손실을 가져올지는 '사전에' 결정될 수 없다. 그 가치 이하의 가격을 받으면 손실을 입는 것이고 그 이상의 가격을 받으면 이윤을 얻는다. 그래서 가격이 재화의 가치를 정하는 데는 문제가 많은 장치이긴 하지만 상품경제에서 '상품'의 가치를 추정하는 데 유일한 기제라고 할 수 있다(재화가치와 상품가치를 구별하는 것이 중요하다. 꼭 필요한 재화라 하더라도 상품이 되지 않았거나 상품이 아닌 재화는 상품가치를 갖지 않는다).

그럼에도 불구하고 착취의 개념을 유의미하게 쓸 수 있는 경우는 어떤 경우일까? 그것이 우리가 더 생각해보려는 문제다.

나의 작은 철학

착취에 관하여(2) 분배의 권력

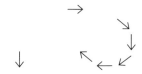

앞서 나는 한계생산물(생산 과정에서 하나의 생산 요소를 증가시켰을 때 발생하는 생산성 증가분. 임금노동의 가치 측정의 기준이 된다: 엮은이)이 '사전에', 즉 상품의 판매 이전에 결정될 수 없다고 이야기했다. 또 '사후에'도 임금노동자의 기여분, 노동자의 한계생산물을 정확히 가려낼 수 없고, 그래서 "그의 것은 그에게로"라는 구호 아래 '착취'를 말할 수 있는 기준을 찾기 어렵다고 했다. 그러나 '한계생산물' 개념이 아주 쓸모없는 것은 아니며 마르크스의 착취 개념이 그냥 쉽게 폐기되는 것도 아니다. 임금노동이라는 한 생산요소의 한계생산분을 정확히 가려낼 수는 없지만 전체 생산요소의 한계생산분은 말할 수 있지 않은가? 투입된 생산요소의 가치(가격)와 상품 판매를 통하여 얻은 가치(가격) 차이가 그것이다. 한계생산물을 이렇게 이해하면, 이제 누가 얼마만큼 기여했는지 불확실한, 그러나 분명 협동을 통하여 획득된 가치를 어떻게 분배하느냐가 문제가 된다.

노동의 잉여가치 개념을 단념하면 마르크스에게서 착취를 설명하는 핵심 개념은 권력이 된다. 각 생산요소의 기여도를 정확히 계산할 수 없는 여건에서 분배의 선線은 (절단선이 그어져 오는 피자처럼) 미리 그어져 있을 수 없다. 선이 있다면 각자에게 최소한의 선만이 있을 뿐이다. 임금이 지속적으로 노동력을 유지할 수 있게 하는 선 이하여서는 안 되고, 반대로 투자자에게 지속적으로 투자한 것 이상은 아무것도 가지지 못하게 강요할 수 없다는 것이 각각의 최소한의 선이다. 문제는 그 사이 어디에 선을 긋느냐 하는 것이다. 노동의 잉여가치 개념을 버리더라도, 그래서 정확한 선을 정할 수 없더라도 마르크스는 여전히 말할 수 있을 것이다. 생산수단을 가진 자본가와 노동력을 판매해서 생계수단을 얻을 수 있는 임금노동자 사이의 권력 차이는 협동의 생산물이 자본가에게 지나치게 유리하게 배분되도록 한다고.

　　나는 기본적으로는 이런 마르크스의 입장에 기울어 있는 편이다. 지상의 이 어마어마한 빈부격차는 권력 차이를 이용해 협동의 이익을 한 편이 유리하게 챙겼기 때문이라는 직감을 버릴 수 없다. 그러나 이런 직감을 앞세우기 전에 진지하게 검토해야 할 반론이 있다. 고용계약은 임금에 대한 계약이지 협동의 이익분배에 대한 어떤 추가적 약속을 포함하는 계약이 아니지 않는가? 왜 고용주가 임금을 주는 것 외에 협동의 이익을 나누어야 할 의무가 있는가? 이 문제를 다루기 위해 롤스와 노직을 끌어들이는 것이 유용해 보인다.

착취에 관하여(3) 롤스와 노직

존 롤스John B. Rawls와 로버트 노직Robert Nozick은 이제 만인의 상식이 되었는지, 별 논의를 하지 않는 것 같다. 특히 노직에 대해서는 우리 사회철학자들의 정서에 맞지 않는지 애당초 그렇게 활발한 논의가 이루어지지 않는다. 내가 보기에 롤스에 대해, 그리고 롤스보다 더 평등주의적인 거의 모든 윤리·사회철학적 이론들에 노직의 입장은 가장 강력한 도전이다.

　노직은 정의로운 분배의 패턴이 있다는 모든 견해에 대해 회의적이다. 소위 정의로운 분배의 패턴을 출처가 모호한 평등의 신념에서 도출하든, 롤스처럼 '무지의 장막veil of ignorance' 뒤에서의 합의에 의해 도출하든, 도대체 정의로운 분배의 패턴이 있다는 발상 자체가 설득력이 없다는 것이다. 노직은 일단 정당한 소유의 권리가 정해지고, 그리고 교환과 양도에 의해 재화가 이전되면, 어떤 분배의 패턴이 나오든 분배의 결과를 시정해야 할 이유가 없다고 주장한다. 재분배는 오로지 시정是正적 정의의 이유에서만, 즉 누군가가 정당한 소유권리가 없는 재화를 바탕으로, 혹은 공정하지 못한 교환을 통해 부를 축적했을 경우에만 적합성을 가질 수 있다. 로크John Locke적 단서만 충족된다면, 즉 다른 사람들이 자신들의 노력으로 취득할 수 있는 것이 충분히 있다는 소건만 충족된다면, (노직은 시장경제가 로크적 단서를 충분히 충족시킨다고 생각한다) 도대체 재분배를 해야 하는 아무런 이유도 없게 된다.

나는 재분배의 이유를 '경제학적으로' 설명하려고 하는 한 노직의 반론을 피하기 어렵다고 생각한다. 노동력의 구매 및 판매를 금지한다든가 특정한 물품의 거래를 금지할 수는 있겠지만, 일단 소유물로 인정된, 공인된 교환 과정을 통해 이전된 재화에 대해 다시 재분배를 요구할 어떠한 '경제적' 이유도 찾을 수 없다. 이런 식으로는 착취의 개념이 자리할 여지도 없다.

착취나 혹은 그보다 약화된 유사한 개념이 유의미한 맥락은 경제 자체가 아니다. 만일 소유 권리를 가진 사람들이 소유 권리를 행사하기 위해서만 만났다면, 소유권에 대한 강탈이나 불공정한 교환이 없었던 한에서 착취는 없다. 노직의 조건을 충족시키고도 여전히 재분배가 유의미한 경우가 있다면 그것은 사회를 하나의 적극적인 협동체로, 서로의 번영에 대해서 책임을 지는 협동체로서 이해할 때뿐인 것 같다. 사람들이 소유권리 이상의 '두터운' 배경에서, 그리고 새로운 소유권리 획득 이상의 '먼' 목적을 지향하며 협동한다면, 출발과 과정에서 문제가 없는 경제적 행위라도 그 '결과'는 어느 정도 재조정될 수 있다. 가령 '두터운' 배경이란 사회성원들에게 가능한 한 자존감을 지킬 수 있는 여건을 마련해준다는 것이고 '먼' 목적이란 서로의 번영을 추구한다는 것이다.

'두터운' 배경을 유지하는 방법으로 두 가지 전략을 생각할 수 있다. 하나는 자존감을 손상시킬 만한 것들은 경제적 거래의 대상이 되지 않도록 제한하는 것이다. 노동력과 큰 빈부격차를 유발할 모든 재화의 자유로운 거래를 금지하려 했던 공산주의는 이 전략의 가장 우직한 형태다. 다른 하나의 전략은 최소한의 자유와 권리를 제외한 거의 모든 활동과 재화에 대해 자유로운 거래를 허용하되 그것이 자존감과 협동을 훼손하는 부작용을 사후적으로 치유하는 것이다. 전자의 방식은 자존감의 문제를 사전에 해결하지만, 다양한 활동을 통해 창출될 수 있는 새로운 가능성을 막아버린다. 후자의 방식에서는 새로운 가능성들이 다양하게 실험되지만 사후 조정의 부담이 따른다.

나는 현재 목도되는 재분배에 대한 불신이나 저항이 그 방식에 동반하는 부작용이지 재분배의 근본적인 이론적 부적합성에 대한 증거라고는 생각하지 않는다. 사회가 소유권리 관계보다 포괄적인 협동체로 이해되는 한(그래야 하는지는 일단 논외로 하자), 약간의 사후적인 재분배는 단지 경제에 대한 장애물이 아니다. 그것은 경제에 최대한의 자유를 보장하려는 전략을 취하는 시스템이 경제 외적인 사회관계에 대해 과부하를 주는 것을 방지하기 위하여 설치하는 안전장치일 수 있다. 신자유주의자들은 이런 안전장치를 무척 거추장스럽게 여긴다.

오늘날 착취의 개념을 여전히 유의미하게 사용할 수 있을까? 마르크스가 생각한 것처럼 착취의 '산술적' 기준을 정할 수는 없다. 다만 아직도 착취에 대해서 말할 수 있다면, 그것은 협동의 이익 분배에 대한 협의가 거부되는 것, 한쪽이 다른 쪽의 몫이나 받아야 할 처우를 일방적으로 결정하는 것을 '정치적' 의미로 지칭하는 것이다. 성의 착취나 자연의 착취를 말하는 것도 착취가 이미 (혹은 처음부터) 경제적 의미의 테두리를 벗어난 정치적 개념임을 생각해보면, 그리 잘못된 용어 사용도 아니다.

사
랑

6
장

종교와 행동주의

오늘날 종교를 이끌어가는 사람들은 무척 행동적이다. 선교활동이든 시민운동이든 봉사활동이든 매우 적극적이다. 나에게는 물론 선교활동에 적극적인 사람들보다 시민운동이나 봉사활동에 적극적인 사람이 더 반갑지만, 지금 그런 이야기를 하려는 것은 아니다. 나는 약간 심술궂게도 적극적인 행동주의에 공통의 요소가 있다고 생각한다.

오늘날 종교가 적극적으로 행동하는 데는 '도덕적인' 이유만이 아니라 '인지적인' 이유가 있다는 것이 내 생각이다. 이 세계의 '세속화' 과정에서, 그러니까 자연은 실험과학에 의해 가장 잘 파악될 수 있는 건조한 사실의 세계가 되고, 규범은 사회적 삶의 문제를 해결하기 위한 약정과 같은 것으로 파악되면서, 종교에게 인지적 정당화는 무척 큰 부담이 되었다. 사실에 관해서 아무것도 진술할 수 없다면, 그리고 규범에 관해서도 고유한 권위를 가질 수 없다면, 종교는 도대체 어디서 존재 이유를 가질 수 있는가? 종교는 지식이 아니라 신앙이라 말하지만, 정말 인지적 요구와 완전히 분리된 신앙이 과연 호소력을 가질 수 있을까?

존재 근거가 불확실한 것을 존재하는 것으로 여기게 만드는 방법이 있다. 바로 행동으로써 보여주는 것이다. 가령 어디에 있는지 잘 모르겠는 우리의 '양심'을 어떻게 보여주는가? '양심적으로' 행동하는 모습을 보여줌으로써, 양심적이지 않다면 그렇게 행동할 수 없을 것 같은 행동을 보여주는 것이다. '주체성'은 어떻게 보여주는가? 바로 자신이 동의하지 않는 것에 저항함으로써 그렇게 한다. 주체성은 행위로만 확인된다는 것이 바로 피히테Johann Fichte의 통찰 아니던가.

사실에 관해서는 물론이고 규범에 관해서도 널리 공유되는 권위를 갖기 어려워진 종교가 자신의 존재 근거, 또는 존재한다는 사실을 보여줄 수 있는 유일하고 합리적인 방식은 역시 행동주의activism다. 종교가 화려한 의식ceremony을 통해서 자신의 존재 사실과 존재 이유를 알리는 것이 더 이상 가능하지 않다면 말이다. 존재적인 방식으로서의 행동주의라는 점에서 (도덕적인 측면에서가 아니라) 테레사 수녀와 빈 라덴은 공통성을 가지고 있다. 어쩌면 그 둘은 종교의 '인지적 부담'을 각각 (특정한 의미에서) 가장 여성적인 방식과 남성적인 방식으로 해소한 경우인지도 모르겠다. 이 비교가 도덕적 차원의 공통성을 말한 것이 아님을 꼭 이해하길 바란다.

종교는 왜 모든 사회에 있었을까?

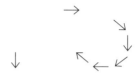

종교는 왜 거의 모든 사회에 있었을까? 종교가 오늘날까지 그 위력을 유지하는 이유는 무엇일까? 이 물음에 대한 대답으로 가장 부적합하다고 생각되는 것은 인간은 어떤 초월적인 것에 대한 충동이 있다는 주장이다. 그런데 이 주장을 빌지 않고서 거의 모든 사회에 종교가 있어 왔다는 것을 어떻게 설명할 수 있을까? 나는 두 가지 이유를 생각한다(물론 나만의 독창적인 생각은 아니다). 하나는 규범과 관련된 것이고 다른 하나는 인지적인 능력과 관련된 것이다.

　사회적 협동이 가능하기 위해서는 규범이 필수적이다. 내가 말하는 규범이란 '구속력을 갖는 공통의 규칙'이다. 문제는 규범의 구속력을 어떻게 확립하는가 하는 것이다. 가장 간단한 방법은 권력자가 힘을 바탕으로 규범의 준수를 강제하는 것이다. 그러나 순수하게 감시와 처벌을 통해 규범을 준수하도록 강제하는 것은 거의 감당 불가능한 정도의 경비를 필요로 한다. "열 사람이 한 도둑 못 잡는다"는 말은 바로 감시와 처벌의 비용을 말해준다. 사회 구성원 모두가 기회만 있으면 규칙을 어기려 할 경우, 도대체 감시와 처벌이 어떻게 가능하겠는가? 시민불복종 운동은 많은 사람들이 동참하기만 하면 간단히 성공할 수 있다. 경비를 최소화하는 벤담식의 원형감옥panopticon조차, 감시자들이 감시자로서의 역할을 한다는 전제가 성립되어야만 효율적인 것이다. 감시자들이 수감된 사람들과 내통한다면 원형감옥처럼 부정을 저지르기 좋은 곳도 없다.

감시와 처벌의 비용을 견딜 수 있는 수준으로 유지하려면, 규칙을 자발적으로 따르는 사람이 다수여야 한다. 그런데 어떤 경우에 그렇게 될 수 있을까? 롤스나 하버마스 같은 현대의 이론가들은 그 해법을 규칙의 정당성에서 찾는다. 시민들은 스스로 정당하다고 여기는 규칙을 자발적으로 따르려는 경향을 갖는다는 것이다. 그래서 정당한 규칙이 지배하는 사회가 비용도 덜 드는 사회가 된다. 그런데 민주주의가 발달하기 전에 규칙을 자발적으로 준수하게 만드는 방법은 무엇이었을까?

가장 오래된, 그리고 지금까지 지속되는 방법은 바로 규칙을 '신성한' 것으로 여기게 하는 것이다. 사람들은 천벌이 두려워서든, 자신이 괴로워서든 남이 감시하지 않아도 스스로 신성하다고 생각하는 규칙은 지키려고 노력한다. 그런데 규칙에 신성성을 부여하는 가장 유효한 방법은 그 규칙을 신이나 신과 같은 존재에게 귀속시키는 것이다. 신, 또는 신의 나라라는 것은 그래서 하늘에 투영된 사회이다. 이렇게 생각하면 오늘날 도덕의 최대 곤경이 무엇인지도 알 수 있다. 오늘날 도덕이 곤경에 처한 것은 (메타)윤리학자들이 생각하듯이 도덕적 문제에 대해 하나의 답을 합의할 수 없어서가 아니다. 그것은 오히려 도덕적 규칙의 신성성을 확보할 수 있는 방법이 사라졌기 때문이다. 정당한 규칙이라 하더라도 신성하다고 여기지 않으면 자신의 편의에 따라 어길 수 있지 않겠는가. 신이 퇴장한 이 시대에 어떻게 도덕적 제동장치를 개인들의 마음속에 심어줄 수 있을까?

종교의 두 번째 토대는 인지다. 이미 스피노자Baruch de Spinoza가 정확히 말했듯이, 우리에게 가장 자연스러운 사고방식은 목적론적 사고방식이다. 어떤 것을 이해하는 데 가장 기초적인 방식은 그것이 무슨 목적을 위해서 있는가를 묻는 것이다. 어떤 둥근 물체에 대해 아이가 그것이 무엇이냐고 묻는다면, 무엇이라 답할 것인가? 어려울 수 있는 질문이지만, 아이에게 그것이 축구를 하기 위한 물체라고 답하면 일단 중요한 것은 해명되는 것이다. 이런 사고방식을 조금만 확장하면 들판의 곡식과 산속 짐승, 바닷속 물고기는 인간을 위한 식량이 되기 위해 있는 것이다. 그 모든 것을 인간이 만들지 않았는데 그것들이 모두 인간을 위해 존재한다면, 누가 그것을 만들었겠는가? 이렇게 목적론적으로 물으면 답은 물론 신이다. 신은 왜 그 모든 수고를 하였을까? 혹시 답을 잘 모른다고 해도 확실한 것은 그런 신을 경배함이 마땅하다는 것이다. 구약에서 극적으로 펼쳐지는 신과 인간의 스토리가 과연 지금까지 이야기한 것과 크게 다른 점이 있는가? 핵심은 동일하다. 목적론적 사고는 인간이 지적 성장 과정에서 반드시 거치는 단계이기 때문에, 그리고 대개 일생 동안 완전히 벗어나지 못하는 것이기 때문에, 종교적 세계관의 중요한 토양이 된다.

도덕이 신성성을 가졌으면 좋겠다고 해서, 목적론적 세계관이 자연스러운 사고방식이라고 해서, 더 이상 그것을 정당화할 방법이 없는데도 여전히 신을 끌어들이고 신에 의존하여 도덕과 세계를 설명하려는 것은 지성을 존중하는 태도와 거리가 멀다. 보고 싶은 대로 보고 믿고 싶은 대로 믿는 낙천적 반지성주의다. 안타깝지만 그것이 내가 우리의 종교에서 만나는 한 모습이다.

종교가 없으면 삶이 삭막하기만 할까?

종교를 가진 사람들은 종교가 없는 사람들이 어떻게 살아갈 지 의아할 수 있겠다. 종교 없이는 삶의 의미와 보람을 제대 로 느끼며 살 수 없다고 생각하기에, 그들은 그렇게 선교활동 에 적극적일 수 있을 것이다. 막 우물에 빠지려는 아이를 보 면 누구나 달려가서 붙잡고 싶듯이, 삶의 무의미로 추락하려 는 무종교인들을 보면 안타깝지 않겠는가? 나는 그런 선의를 의심하지 않는다. 종교 없는 사람들이 삶을 꾸려나가는 데 어 려움을 겪을 수 있다는 것도 인정한다. 종교와 전통은 워낙 중요한 의미의 저장소, 의미의 보고였기 때문에 이것들 없이 삶을 아주 심층에서부터 윤택하게 해줄 의미 자원을 얻기는 여전히 쉽지 않다. 종교를 가졌을 때의 편안함, 안정감, 확신 을 어디서 또 찾을 수 있단 말인가?

그러나 지성에 충실하고자 한다면, 위안이 필요하다고 해 서 종교에 기댈 수는 없다. 어려워도 세계에서 의미를 독해 하고 새로운 의미를 구축해야 한다. 또 그것이 불가능한 것도 아니다. 종교를 버려야 오히려 경이롭게 보이는 것들이 있다. 종교적인 기적을 버리고 나면, 오히려 이 세상이 기적 같은 일들 투성이라는 걸 깨닫는다. 하다못해 한 떨기의 아름다운 꽃도 전지전능한 신이 만든 것이 아니라 수많은 우연과 진화 과정을 거쳐서 생겨난 것이라고 여기면, 더욱 더 기적 같고 신기하지 않겠는가? 도덕적 규칙을 신이 만든 것으로 여기고 인간은 툭하면 그것을 어기는 존재로 보는 것이 아니라, 불완전하지만 인간들 사이의 길고 긴 투쟁과 과오, 타협, 그리고 도덕적 통찰을 통해 이룬 것으로 바라본다면, 인간이 참 대단해 보이지 않겠는가? 이 세상을 전지전능한 자의 창조물이 아니라 우연의 바다로 보아야, 내가 이 한 사람을 만나서 삶을 공유하고 어떤 이에게 도움을 받고 하는 일이 정말 거의 믿어지지 않을 만큼 신기하지 않겠는가? 그래야 내 아이의 얼굴을 보면 자꾸 신기해서 미소가 떠오르지 않겠는가.

물론 종교가 없으면 허무주의나 편의주의로 빠질 수 있다. 한 번뿐인 인생이라면 즐겁고 편한 대로 살면 된다고 생각할 수 있다. 종교가 없으면, 세계의 몰락보다 자기 손가락의 가려움을 해결하는 걸 더 급한 일로 여겨도 어찌할 수 없는 것 아닌가. 인정한다. 그런 사람에게는 종교가 필요할 수 있다. 그리고 그런 사람은 종교를 가졌으면 좋겠다. 그러나 종교만이 의미 자원을 줄 수 있다는 발상은 틀렸다. 우리 시대에도 여전히 거대한 교회들이 계속 지어지고 있는 모습을 보면 나는 가슴이 답답해진다.

나는 멋진 그림을 보거나 좋은 음악을 들으면 며칠을 행복하게 지낼 수 있다. 종교가 없다는 것이 나의 행복에 아무런 결함이나 공백을 남겨 놓지 않는다. 지식의 세계, 예술의 세계에서 이룩된 것을 천착하고 들어가 누린다면, 그리고 내가 하기 어려운 것들을 이룩해놓은 사람들의 노고를 평가할 줄 알면, 종교에 기대지 않아도 이 세상에서 의미를 찾는 데 어려움이 없을 것이다. 종교가 아니면 의미를 찾을 수 없다는 것은 의미를 수동적으로 부여받아야 한다는 발상이다. 그것은 스스로 의미를 찾고 형성하려는 용기의 부족, 지적 태만이고 우연에 따르는 불안을 감내하지 못하는 것이며, 있는 그대로의 인간을 존중하고 사랑할 수 있는 능력의 부족이다.

모든 것을 주는 사랑?

"모든 걸 다 줄래, 너에게 다 줄래. 나의 관심은 언제나 너뿐이야. 언제나 나만 사랑해줘, 날 안아줘. 너는 내 꺼야."

"모든 것을 주는 그런 사랑을 해봐, 받으려고만 말고."

모든 것을 다 줄 듯이 열렬한 사랑은 분명 아름답다. 사랑 없이 어찌 삶의 한순간이나마 시리도록 아름답게 기억되랴. 모든 것을 주고 싶다는 것이 상대에 대한 내 마음의 애틋함을 표현하는 것이라면 사실 아무 문제가 없다. 하지만 정말 모든 것을 주어야 사랑이고, 또 나에게 모든 것을 주는 상대가 나를 사랑하는 사람이라고 생각한다면 그 사랑은 무척 위험해진다. 설령 상대에게 모든 것을 주고 싶어도 실제로 내 삶의 당면한 일들이 있어 그렇게 할 수가 없다. 정말 모든 것을 주는 것이 사랑이라고 한다면, 마음의 고통을 피할 수 없지 않을까? 또 나에 관한 일을 다른 모든 일보다 절대 우위에 두지 않는 사람은 무언가 나를 진정으로 사랑하는 사람이 아니지 않은가?

나의 작은 철학

아니다. 사랑은 그래야 하는 것도 아니고 그런 형태의 사랑이 정말 자책과 원망 없이 지속적인 기쁨을 주는 것도 아니다. 서로의 삶이 있는 사람들 사이의 사랑이란 상대에 대한 관심으로 삶의 공허가 메워지고 고단한 삶 속에서 상대에 대한 생각으로 기쁨과 희망의 실마리를 찾는 것이다. 표현하지 않은 염려, 늦은 밤 써 보낸 정감 어린 편지 한 장, 호감 어린 표정, 작은 선물을 주고받는 사랑의 애틋함은 약간 위태롭게, 위험과 기회에 노출된 채 자라나는 것이다. 사랑은 우연성을 감수하면서 창의적으로, 아름답게 만들어가는 것이다.

'모든 것을 주는 사랑'이라는 생각을 버리고 적당히 이기적으로 서로를 대하라고 내가 말하려는 것이 아니다. 중요한 것은 '모든 것을 주는 사랑'이 의미하는 바는 '마음'의 애틋함을 말하는 것이지, 사랑의 '실재reality'는 아니라는 사실을 인식하는 것이다. 사랑의 관계는 내 사랑을 더 주고 싶고 상대의 사랑을 더 받고 싶은 애틋하고 안타까운 마음으로 시작된다. 동시에 나와 상대는 사랑의 관계 이외의 각자의 삶의 영역을 가진 인격적 주체로서 여전히 '실재'한다. 이 두 사실 사이의 긴장을 유지하는 것이 중요하다. 이 긴장이 무너지면, 우리는 정열 없는 사랑이나 병적인 사랑의 상태에 빠진다. 더 주고 싶고 상대의 애정을 더 받고 싶은 애틋하고 안타까운 마음이 없다면, 사랑은 사교활동 이상의 것이 되지 못한다. 반대로 '실재'가 '마음'을 그대로 따라야 한다고 고집하면, 사랑은 자신과 상대를 파괴한다. 내가 더 문제로 여기는 것은 '실재'가 '마음'을 따라야 한다고 생각하는 사랑관이다.

'모든 것을 주는 사랑'이 사랑의 실제 모습이어야 한다면, 자책과 원망은 피할 수 없다. 잠시라도 상대를 홀로 두고 나의 관심에 따라 활동하는 것, 내가 돌보지 않아서 상대가 위험에 처할 수도 있다는 의식, 내가 더 잘해 주었더라면 상대가 더 행복했을 수도 있다는 생각이 나를 떠나지 않기 때문이다. 그러면 나의 삶을 사는 것 자체가 나에게 끊임없이 자책감을 줄 수도 있다. 또 상대가 나에게 모든 것을 줄 것이라고 기대한다면, 열렬한 사랑의 표현 뒤에도 언제나 상대에 대한 의심이 고개를 들게 마련이다. 나의 시야에 없는 것 자체가, 내가 모르는 사람과 만나고 얘기하는 것이 모두 의심을 불러일으키게 된다. 그런 사랑은 언제라도 자책과 원망으로 이어진다. 그리고 경우에 따라서 그런 사랑은 자책과 원망, 자기 포기와 복수로 표현된다.

'모든 것을 주는 사랑'의 원형 체험은 '어머니'의 체험이다. 나는 여기서 '어머니'를 '유아를 주의 깊게 돌보는 자'의 의미로 사용하고 있다. 그래서 이 '어머니'는 실제로는 남성일 수도 있고, 친어머니가 아닌 사람일 수 있으며 경우에 따라서는 형제자매일 수도 있다. 하지만 대부분의 경우는 유아의 친모다. 유아에게 어머니는 절대로 필요한 존재이자 또한 위력적인 존재다. 생존에 필요한 것이 모두 어머니에게 달린 조건에서 유아는 어머니가 자신만을 고려하기를 기대하는 심리를 갖는다. 어머니의 부재는 불안을 불러일으키고 의심스러운 것이다. 이 경험이 사랑의 원형으로 의식 깊숙한 곳에 자리 잡는다. 그래서 성인이 되어서도 사랑하면 모든 것을 주고받는, 그의 '아기'나 또는 그의 '어머니'가 되고 싶어지는 것이다.

성의 자유, 성으로부터의 자유(1)

성적 충동을 모든 인간 활동의 추동력으로 본 프로이트는 이론적으로 반박된 지 오래지만, 현실에서는 점점 승리의 정점을 향해 가는 듯하다. 모든 진지한 것들의 색이 바랜 이 시대에 재치와 활기와 실험정신은 성의 담론과 미학으로 이주하고 있다. 자신이 익힌 전통문화와 도덕에 대한 자부심에도 불구하고 도시에 내려온 청학동 소년이 도시의 화려함 앞에서 아무래도 자신감이 엷어지는 것처럼, 이제 평등과 인권, 연대, 의미를 말하는 사람은 스스로 고루하다는 생각을 하게 될 형편이다.

사실 성적 욕망의 표현과 충족방식을 규제하는 것은 각 문화의 중요한 관심사였다. 성적 금기를 어긴 자에게는 가장 가혹한 처벌이 내려지고, 일생 동안 경멸이 따라다니는 것은 역사적 사실이다. 성의 금기에 도전하는 것은 억압의 가장 예민한 뿌리를 건드리는 것이다. 그러나 오늘날 경험하는 성에 대한 관심의 증대는 이런 해방적 의미만 갖는 것이 아니다.

자본주의는 성이 시장의 무한확대를 가능케 하는 비밀의 열쇠임을 간파한 지 오래되었다. 성적 매력은 끊임없이 관리되고 재생되어야 유지될 수 있기에, 성적 매력을 상품과 결합시키면 사람들은 끊임없이 새 상품을 구입하려는 충동을 갖게 된다. 상품의 소비기간과 내구성 간의 상호연관성은 사라진 지 오래고, 보드리야르Jean Baudrillard가 말했듯이 상품소비가 기호소비로 바뀐 지도 한참 전이다. 그리고 기호소비는 점차 신분 기호에서 성적 기호를 소비하는 것으로 옮겨갔다.

게다가 오늘날 성은 친밀성을 느끼고 표현하는 가장 중요한 수단이 되었다. 대가족이 해체되고 핵가족마저 위협받는 현대사회에서 친밀성의 욕구는 과거의 구원 욕구에 버금갈 만큼 절실해졌다. 그래서 성은 홀로 있는 시간에도 우리가 가장 많은 관심을 두는 주제가 되었다. 이제 성은 해방과 자본주의, 친밀성에 대한 욕구가 함께 교차하는 지점에 서 있다. 그래서 이 시대의 주제인 것이다.

그러나 (어느 정도 고리타분한) 나는 요즈음 성에 대한 관심과 담론에는 동경과 신화, 조작이 얽혀 있다고 생각한다. 이미 푸코가 지적했듯이 성에 대한 금기는 성을 억압하기만 한 것이 아니라 다른 한편에서 권력의 관심에 맞는 방식으로 성을 부추겨왔다. 권력에게 중요한 것은 언제나 통제였다. 그러나 억압만을 채택하는 것은 초보적이고 비효율적인 통제의 방식일 따름이다. 나는 성이 친밀성의 유일한 터전인 것처럼 여겨지는 데는 소비자본주의의 자만과 허위의식이 한몫을 한다고 생각한다.

　물론 내가 성을 친밀성의 표현으로 보는 것에 대해 청교도적인 윤리를 들이대려는 것은 아니다. 다만 나는 성이 친밀성의 다른 표현들을 시시하게 만드는 것에 이의가 있을 따름이다. 상호존중과 우정, 공유된 경험에서 비롯되는 친밀감, 동정심에 기인한 유대는 우리를 얼마나 행복하게 만드는가. 어린 시절 우리 집 못지않게 척박한 삶을 꾸려갔던 윗집 아주머니가 공책과 바꾸어 쓰라고 내 손에 쥐어준 달걀의 따스한 느낌은 지금도 잊을 수 없다. 내 소중한 기억의 보물함에 아직도 남아 있다. 내가 이런 기억까지 들추면서 말하려는 것은 우리 삶에서 존중과 우정, 동정 등에 바탕을 둔 친밀성이 우리 삶을 행복하고 풍요롭게 만든다는 것이다. 또 그런 친밀성을 느끼고 표현하고 평가할 줄 알아야 한다.

　나에게 성은 때로 벗을 수 없는 옷처럼 거추장스럽다. 성적 매력은 분명 상대에 대한 관심의 한 발단이 되긴 하지만, 다른 매력에 관심을 갖는 데는 종종 넘을 수 없는 장애가 되기도 한다. (이미 젊음의 절정을 넘긴 탓인지) 나는 나의 자유를 위하여 성의 자유가 아니라 때로 성으로부터의 자유를 동경하고 있다.

성의 자유, 성으로부터의 자유(2)

온 나라가 성추문으로 시끄러웠다. 특히 이번에는 정치적 기대와 도덕적 신뢰를 받던 사람들이 추문의 대상이었다는 점에서 더 요란하게 세인의 주목을 끌었다. 논쟁은 금방 도덕에서 정치로 옮겨졌고, 그들을 향한 비난이 누구에게 유리한가를 따지게 되었다.

나는 이 일련의 사건들을 진보와 보수의 문제가 아니라 성에 대한 남성적 시각의 문제로서 다루는 관점이 더 타당하다고 생각한다. 성의 불평등이 여성과 남성 모두에게 아주 심층적인 성적·심리적·문화적 빈곤과 부도덕성을 부추기는데, 그런 빈곤은 바로 성적 즐거움을 찾는 방식에서도 표현된다. 나는 정치인들의 추문, 교수들의 제자 성추행 등은 심층적으로는 성불평등에서 비롯된 '빈곤'에 그 뿌리를 두고 있다고 생각한다.

성의 문제에 관련하여 남성이 어떤 빈곤을 겪는다고 말하면 실소失笑를 머금을 사람도 있으리라. 우리는 남성을 위한

성이 넘쳐나는 사회에 살고 있지 않은가? 하지만 이 넘쳐나는 성은 어떤 심층적인 빈곤을 겨냥한 산업이라는 것이 나의 생각이다.

성적 불평등 사회는 대개 여성들에게 극도의 안전의식을 발전시킨다. 어떤 남자를 선택하는가가 자신의 삶에 결정적인 영향을 미치는 조건에서, 또 자신의 선택을 수정할 기회가 적은 조건에서, 남성이 일반적으로 폭력적일 수 있다는 염려를 하는 여성들은 어떤 남성을 친밀하게 대하려고 할 때 조심하지 않을 수 없다. 여성의 이런 조심스러운 태도가 소위 소수의 조건 좋은 남성들에게 여성의 선망을 집중시킨다. 이런 선망의 집중은 다수의 남성에게 자연스럽게 성적 친밀감을 느낄 기회가 박탈된다는 뜻이다.

친밀감의 결핍은 선망의 대상이 되어서 소위 성공한 결혼을 한 남성의 경우에도 완전히 해소되지 않는다. 가부장제 사회는 부부를 제외한 이성 관계는 그야말로 거의 모두 '부적절한 것'으로 만들어버렸다. 이성 간에는, 특히 한편이 혹은 양쪽이 모두 기혼일 경우, 동료라 할지라도 친밀하지 않도록 조심해야 한다. 도대체 정말 다른 의도가 없더라도 타인의 시선 때문에, 그리고 그 시선을 의식하면서 행동하기가 불편해서, 이성에 대해서는 형식적인 태도 이상을 넘지 않으려는 것이 우리들의 자화상이다. 자신의 친밀감을 관리하는 특별난 재능이 있어서 자신의 동료와 주변의 사람들에게 일체 표현하지 않은 친밀감을 모았다가 자신의 배우자에게만 쏟는 사람도 있으리라. 그러나 친밀감은 그렇게 의식적으로 조작될 수 있는 것이 아니다.

어린 시절부터 겪었고 성인의 삶에서도 반복되는 친밀감의 결핍은 대부분의 남성에게 자신을 선망하고 최고라고 해줄 여자에 대한 동경으로 깊이 자리를 잡게 된다. 이 동경은 많은 변주곡으로 표현된다. 자신의 영향력하에 있는 사람에게 성적 서비스를 기대하는 것이 부도덕하다는 것을 알면서도 은근히 추구하는 태도나 술집 여종업원의 애교가 립서비스라는 것을 알면서도 그 매력을 뿌리치지 못하는 것도 그런 흔한 변주곡 중 하나다. 배고픈 시절을 겪은 사람들이 대부분 배불리 먹고 싶은 소망을 반복하듯이 성적 결핍을 겪어온 남성들도 여자와 '화끈하게' 놀아보고 싶은 환상을 발전시킨다.

이 환상의 힘이 얼마나 큰가는 단적으로 성적 서비스를 위해 기꺼이 지출하는 돈의 액수를 보면 알 수 있다. 평소 물건값도 잘 깎고, 식당에서 무거운 설렁탕 그릇을 한 번에 6인분씩 나르는 아주머니에게는 단 한 푼도 팁을 주지 않는 남자가 양주 두어 병에 수십만 원이나 지불하고 술 따르는 것 외에는 아무 일도 하지 않은 여자에게 따로 두둑한 웃돈까지 챙겨주는 것을 어떻게 설명할 수 있는가? 노는 것 자체를 나쁘다고 할 생각은 없다. 문제는 도대체 그 정도 놀고 그 정도 돈을 지불할 용의가 생기는 것을 어떻게 이해해야 하는가다. 그것은 땀 흘리는 노동에 대한 모독 아닌가? 그런 불균형적인 지출은 어떤 뿌리 깊은 동경을 충족시키기 때문에 가능하다.

평소 노동의 가치를 노래했던 사람마저 노동을 모독하는 행위를 할 만큼 저 환상의 힘은 크다.

나는 거의 확신을 가지고 다음과 같이 추정한다. 만일 남성들이 친밀감의 욕구를 자연스럽게 충족할 수 있었더라면, 대등하며 존중할 만한 사람들과의 관계에서 오는 다양한 재미를 경험했더라면, 아마 그런 술자리가 재미없을 것이다. 립 서비스와 애교가 낯간지럽고 재치 없는 농담을 주고받기도 시시할 것이다. 그러니 그런 놀이에 그런 거액을 준다는 것은 상상할 수도 없는 일이 될 것이다.

그러면 나의 주문은 무엇인가? 여성들에게 남성들을 좀 더 친밀하게 대하라는 것인가? 아니다. 그것은 성 불평등의 해소 없이 기대할 수 없다. 지금부터 남성들이 해야 할 것은 '존중'의 연습이다. 정말 여성의 '아니오'가 존중되고(남성의 '아니오'도 마찬가지다) 여성들이 지금과 같은 안전의식을 가질 필요가 없게 되면, 아마 친밀감의 표현이 지금보다 훨씬 풍부해질 게 틀림없다. 그렇게 되면 정말 저 친밀감의 대체물—지위나 화대를 바탕으로 한 친밀감—은 너무나 초라해져 더 이상은 즐길 수 없는 것이 될 것이다.

친밀감의 자연스러운 표현이 늘어야 한다고 해서, 연인이나 부부관계에서 어떤 배타성이 필요하다는 점을 부정하는 것은 아니다. 특정한 친밀감의 표현을 외부의 누군가에게 절제하는 것은 우리 삶에서 상대에 대한 존중과 성실성과 관련된 부분이다. 그러나 자신의 연인이나 배우자가 자기 외에 다른 이성과는 아무런 친밀감을 느껴서는 안 된다고 생각하는 것은 거의 상대가 불구가 되기를 원하는 것과 마찬가지다. 그렇다고 즉각적으로 친밀감의 급속한 개방을 주장하는 것도 아니다. 무작정 친밀감을 개방하는 것은 관습의 무게와 가정에 매어 있어 연인이나 배우자 말고는 다른 이성과의 접촉 기회가 없는 여성들에게 현실적으로 불리한 일일 것이다. 그래서 남성들이 동경하는 친밀감도 여성들의 해방을 통해서만 가능하다.

밀은 "진정한 도덕감을 배우는 학교는 동등한 사람들 간의 사회"라고 말했다. 진정한 즐거움을 배우는 학교 역시 동등한 사람들 간의 사회다.

사랑과 도덕의 변증법

사랑은 상대에게 호의적 관심이 집중되는 현상이다. 관심이 집중되기 때문에 상대의 사소한 면까지도 나에게 중요하게 보이며, 상대가 내 앞에 있지 않을 때도 나의 생각이 그리로 쏠린다. 상대에게 쏠리는 호의적 관심은 상대의 장점과 단점을 비교한 끝에 생기는 계산적 관심이 아니다. 물건을 고를 때 요모조모 따져보고 선택하는 것과는 거리가 멀다. 사랑하는 사람이 상대에 보이는 관심은 오히려 상대의 결점을 별로 안중에 두지 않는 관심이다. 그래서 부자나 똑똑하거나 잘생긴 사람만이 아니라 가난한 자도, 어리석은 자도, 장애자도 사랑의 대상이 될 수 있다. 사랑이 사람을 눈멀게 한다는 것은 틀린 말이 아니다.

그런데 상대에 대한 강한 호의적 관심은 어디서 생기는 것일까? 이 물음을 지금 사랑에 빠져 있는 사람에게 물어봐도 신통한 대답을 얻을 수 없다. 아마도 그는 그저 상대가 자신에게 주는 매력 때문이라고 말할 것이다. 그러나 매력의 객관적 기준은 없다. 사랑의 핵심은 오히려 객관적으로 확인할 수 있는 상대의 매력에 있는 것이 아니라, 상대의 매력을 볼 수 있는 능력에 있다.

그러나 상대를 매력적으로 생각한다고 해서 곧 상대를 사랑하는 것은 아니다. 상대의 매력이 나에게 부분적이고 일시적인 것이 아니라 지속적이며, 나의 실존을 상대와 공유하고 싶다는 느낌에 이를 때 비로소 사랑의 감정이 생겼다고 할 수 있다. 사랑은 상대의 매력을 일시적으로 사용하거나 또는 어떤 목적의 달성을 위하여 호흡이 잘 맞는 상대와 일시적으로 연대하는 것과는 거리가 멀다. 그런데 사랑의 감정에서 보이는 관심의 집중성intensity은 어디서 오는 것일까? 나는 도덕이 그것을 가능하게 만드는 조건 가운데 하나라고 생각한다. 이를 이해하기 위하여 먼저 절제와 행복의 관계를 살펴보자.

관심의 집중은 어떤 결여와 관계되어 있다. 우리에게 없는 것, 얻기 어려운 것에 관심이 집중된다. 그리고 집중되는 관심이 충족될 때 행복감은 극대화된다. 가장 평범한 예로는 배고픈 사람이 맛있는 음식을 제공받았을 때의 행복감을 들 수 있다. 그런데 만일 관심과 가치의 집중이 행복의 중요한 조건이라면, 그리고 관심과 가치의 집중은 어떤 결여의 상태와 관계된다면, 사람은 결여의 상태에서만 행복할 수 있다는 말인가? 이것은 어느 정도 불행한 상황에서만 행복할 수 있다는 궤변이 아닌가? 원하는 것을 모두 다 할 수 있는 상황에서 사람은 행복하기 쉽지 않다는 건 분명 사실인 것 같다. 돈으로 할 수 있는 것은 거의 모두 할 수 있었던 어느 기업의 부회장 아들이 상습 마약복용자로 입건된 신문 보도가 이것을 입증한다. 그렇다고 결여를 행복의 조건이라고 말하는 것은 결여의 상태를 미화하는 것이기 쉽다.

절제는 피동적 빈곤의 상태가 아니라 어떤 결여의 상태를 이성적인 판단에 따라 자발적으로 수용하는 것이다. 먹을 수 있는 음식이 충분해도 적게 먹고, 충분한 소득이 있어도 적게 사용하는 것이다. 도덕이 요구하는 것은 바로 피동적 결여가 아니라 절제다. 절제야말로 빈곤하지 않으면서도 관심과 가치의 집중을 가능하게 한다. 그래서 풍요로울수록 절제 없이는 행복할 수 없다. 행복은 절제와 성취, 그리고 만족의 적절한 조화가 이루어내는 감정이다.

사랑의 감정도 욕망의 절제와 긴밀하게 연관되어 있다. 절제는 욕망을 상대에 대한 깊은 관심으로 전환시키며 상대의 고귀한 가치를 발견하게 하고 상대에 대한 보호와 책임, 존중의 마음을 가지게 한다. 남녀 모두에게 절제를 권하는 도덕은 밀도 있는 사랑의 조건이다.

그러나 도덕이 자발적 절제에 기초하지 않는 금지일 경우, 도덕은 사랑의 감옥일 수 있다. 합법적으로 사랑할 수 있는 상대만 사랑하도록 강요하는 도덕은 더 이상 서로를 사랑할 수 없는 사람들에게 멍에만 된다. 이때 도덕은 사회 질서의 유지 수단이지, 더 이상 사랑의 밀도를 높여주는 조건이 되지 못한다. 그래서 때로는 사랑하기 위하여 도덕을 어겨야 하는 상황이 생기기도 한다. 그렇지만 불가피하게 도덕을 어긴 사랑도 단순히 도덕의 반대편에 서는 것은 아니다. 도덕을 어길 수밖에 없었던 사랑은 기존의 도덕보다 더 차원 높은 도덕을 예고하는 전주곡이기도 하다.

권력의 원형

가부장제는 권력의 원형 체험이다. 가부장제가 무너지면 권력의 일사분란한 지배가 흔들릴 수도 있겠다. 그러나 권력의 논리가 사라지는 것은 아니다. 의사소통의 단축을 감수하는 곳에서는 권력의 논리가 언제나 다시 등장할 수 있다.

최고도의 성숙을 이루지 못하면 권력의 논리는 결국 작용할 것이다.

나의 작은 철학

여성의 신비화와 비밀의 변증법*

영화 〈수쥬Suzhou River〉(2001)와 〈섬〉(2000)을 예로 들어서, 서구의 남성 판타지의 대표적 표현인 '물요정Wasserfrau'의 이미지가 아시아 문화에도 착상되었음을 보여주는 잉에 슈테판Inge Stephan의 발표는 매우 흥미롭다. 그런 발견은 젠더 연구의 관점을 가지고 지구화 과정을 추적할 때만 가능할 것 같다. 다음에서 나는 잉에 슈테판의 논문에서 지적되지 않은 몇 가지를 말하고자 한다.

1. 〈수쥬〉와 〈섬〉의 차이와 공통점

잉에 슈테판은 〈수쥬〉를 자세히 분석하고 나서 김기덕의 〈섬〉

---

* 이 글은 2002년 9월 2일 이화여자대학교에서 개최된 국제학술대회에서 독일 훔볼트대학교 독문과 교수 잉에 슈테판이 발표한 논문 〈신화의 복귀 – 지구화 시대의 남성 판타지〉에 대한 논평이다(엮은이).

도 아시아 영화에서 물요정 판타지가 사용된 중요한 사례라고 언급하고 있다. 그런데 두 영화에서 물요정의 이미지의 기능은 크게 다른 것 같다. 〈수쥬〉는 물요정 이미지를 의식적으로 판타지로써 사용하고 있다. 화자는 이야기들을 교묘하게 얽어서, 무단이 실재했던 인물인지 아닌지, 무단과 메이메이가 동일한 인물인지 아닌지 정확히 판단할 수 없게 한다. 이에 반해 〈섬〉에서 여주인공은 실재하는 여인이고, 물은 그녀와 뗄 수 없는 실체적 요소다. 물요정 이미지 사용의 방식 차이로 인해 이 이미지가 관객에게 주는 효과도 크게 다르다. 〈섬〉이 관객들로 하여금 끊임없이 실제 인물로서 신비화된 여인에게 집중하게 한다면, 〈수쥬〉는 오히려 물요정 판타지를 가진 청년에게 관심을 집중시킨다. 존재하는 듯, 혹은 존재하지 않는 듯한 무단, 무단과 동일한 듯하기도 하고 아닌 듯하기도 한 여인들은 남자 주인공 마르다가 얼마나 마음속 깊이 한 여인을 사랑했는지를 드러낸다. 마르다는 대도시의 주변 인물이지만, 폭력적이지 않고, 낙오자라는 의식도 없는, 고독과 우수를 지닌, 알랭 들롱과 제임스 딘의 장점만을 합쳐놓은 것 같은 청년으로 그려진다.

〈수쥬〉에서는 물요정의 이미지가 의도적인 판타지로써 사용되었다 하더라도, 남성 판타지가 빠져 있는 것은 아니다. 물요정의 이미지 자체는 판타지로 취급되지만, 신비스러움에서 여성의 매력을 찾는 경향은 여전히 실체적으로 남아 있다. 아니, 판타지로 의식하면서도 또한 사실일 수도 있다고 믿고 싶어 하는 화자의 태도는 여성의 신비화가 얼마나 심층적인 남성 판타지인지를 역설적으로 잘 보여준다. 잉에 슈테판이 〈수쥬〉와 〈섬〉에서 동일한 남성 판타지를 읽어낸다면, 그것은 그런 심층적인 차원의 것이다. 물요정 이미지를 사용하는 방식은 크게 다르지만, 여성의 신비화라는 남성 판타지를 공유한다는 점에서 두 영화는 공통성을 갖는다.

2. 물요정 이미지 – 서구적 남성 판타지의 유입인가?

잉에 슈테판은 아시아 영화에서 물요정의 이미지가 등장하는 것에서 서구의 남성 판타지가 아시아로 전이되었음을 읽어내려는 것 같다. 만일 여기서 말하는 남성 판타지가 심층적 차원에서의 여성 신비화라면, 나는 그 견해에 완전히 동의하기 어렵다. 여성을 신비화하는 남성 판타지는 아시아에도 이미 있었고, 다만 서구적 이미지로의 변양이 부분적으로 일어난 것이다. 또 아시아에서 물요정의 이미지가 남성 판타지와 결합된 것을 근래 몇십 년 동안 미디어와 정보통신기술을 바탕으로 급속하게 진행되는 글로벌화 과정과 연결짓기보다는 좀 더 오래된 서구 지향 교육과 서구 선망이라는 관점에서 보는 것이 더 적절하다고 생각한다. 한국의 경우만 놓고 보면, 서구의 판타지와 정서를 담은 많은 동요들이 '모든' 한국 학생들에게 가르쳐졌다. 〈로렐라이 언덕〉은 독일과 라인강을 가

볼 꿈조차 꾸어보지 못한 시골 어린이도 부르는 애창곡이었다. 바로 서구가 그저 아주 멀고 잘 살며 힘센 나라들로 여겨졌을 때 익힌 것이기에, 서구는 오히려 선망의 대상으로 자리 잡았다. 서구식 웨딩드레스가 전통 혼례복을 바꾸어놓고 생일 떡의 자리를 생일 케이크가 대신하게 되었듯이, 물요정의 이미지가 신비한 여인상에 대한 전통적인 이미지를 대치한 것이다.

'물'은 무정형성, 투명성과 불투명성의 혼재, 생명과 죽음에 동시에 관련되는 다의성 등으로 인해 신비화하기에 아주 적합한 매체다. 그렇지만 우리는 '물'을 본질화하지 않도록 주의할 필요가 있다. 내가 먼저 주목하고 싶은 것은 물요정 이미지들의 한 중요한 공통적 특징, 즉 언어적 결손이다. 물요정은 대부분 말보다는 노래를 한다. 혹은 말을 하더라도 현실에 대한 정확한 인식을 반영하지 못하거나 너무 함축적이어서 상호이해가 불가능하다. 〈수쥬〉에서 여인은 자신의 구체적 삶과 관련된 말을 하지 않고, 〈섬〉에서 여인은 아예 말을 못하는 존재로 그려진다. 물요정, 나아가 신비화된 여성 이미지 대부분에서 보이는 언어적 결손은 여성의 신비화가 가부장 문화에서 연원할 것이라는 점을 시사한다. 가부장 문화는 여성에게 자신의 필요와 욕구를 정확히 표명하고 자신의 삶을 선택할 수 있는 기회를 금지하고는, 그렇게 만들어진 여성을 본질적인 것으로서 존재화했다. 상호이해의 욕구가 대화와 토의를 통해 채워지지 못하자, 이 단절은 마치 대상 자체의 불투명성에 기인하는 것으로 규정된다. 여성의 신비화는 그 무엇보다 바로 남성들이 여성을 분절된 대화를 통한 의사소통의 상대로 여기지 않는 데서 비롯된 것이다. 이제 여성은 본질적으로 수수께끼 같은 존재가 되고, 이해의 공백은 자연화되어 물이나 안개, 숲, 혹은 어둠을 통해 채워진다.

3. 비밀스러운 여성 – 남성만의 판타지일까?

그런데 신비한 여성이 남성 판타지의 산물이라면, 그런 이미지가 등장하는 영화가 또한, 혹은 주로, 여성들에 의해 소비되는 것은 어떻게 설명해야 할까? 여성의 신비화가 가부장 문화에 기인한다고 하지만, 여성들이 신비화의 수동적 객체에 머무는 것 같지는 않다. 여성들은 물과 안개 속에 가만히 있는 것이 아니라 물과 안개를 적극적으로 이용한다. 자신을 쉽게 접근할 수 없는 비밀스러운 존재로 만드는 것이다. 비밀은 물리적 힘에 의해 강제로 공개될 수 없는 것인 한, 비밀을 가진 자에게 심리적으로 우월한 위치를 부여한다. 비밀을 알고 싶은 사람은 비밀을 가진 자의 환심을 사야 한다. 정녕 비밀에 접근하고 싶은 사람은 자신에게 소중한 것을 모두 걸 수도 있다. 바로 감동할 만한 정성스러움을 보여야 열릴 수 있는 비밀스런 존재로 만듦으로써, 여성들은 사회적 권력의 격차를 부분적으로 상쇄시킬 수 있는 것이다.

물론 여성들이 신비화에 동참하는 것이 가부장제하에서의 전략적 선택이긴 하나, 일반화될 수도 없고 안전한 것도 아니다. 우선 모든 여성들이 신비화될 수는 없다. 신비화되기 위해서는 쉽게 좁혀지지 않는 거리가 있어야 한다. 일상과 직업적 삶에서 남성들과 구체적으로 얽혀있는 여성은 그런 거리를 유지하기 어렵다. 또 거리가 존재한다 하더라도 남성들이 오직 감동을 주는 행위를 통해서만 비밀에 접근하려 한다는 보장은 없다.

　자신이 가진 자원으로 상대를 감동시킬 능력이 없는 남성은 비밀이 부과하는 긴장을 해소하기 위하여 폭력적인 방법을 사용할 수 있다. 남성의 고급스러운 매너가 충분한 자원을 가진 남성이 비밀스러운 존재로서의 여성을 대하는 방식이라면, 포르노그래피는 폭력적인 방법으로 비밀을 풀어헤치는 방법이다. 그리고 이 폭력적 상상력은 불행히도 종종 현실로 역류한다.

어쨌건 페미니스트인 Y에게*

페미니스트를 보면 짜증난다는 사람이 많지. 문제는 남자만 그런 게 아니라 여자들도 그렇다는 것이 아마 상당히 당혹스러울 거야. 페미니스트는 일종의 적대국의 국민인 것 같아. 어떤 사람이 적대국의 국민으로 분류되면 상대는 그에게서 그 사람의 개인을 보는 것이 아니라 집단의 속성만 확인하면 되지, 그런 사람의 경우엔 이름을 부르지 않아. 집합명사로 표시하고 '그런 부류의 또 하나'로 취급하면 되지. 굳이 이름을 부를 때는 대개 확인사살이 필요할 때뿐이야. 보통은 그저, 성불평등 문제를 제기하는 여자를 보면, '또 하나의 악악거리는, 짜증 나는 페미니스트로군' 이라고 생각하면 되는 것이지.

그런 취급을 받는 것은, 안타깝지만, 의외일 수는 없어. 장

---

* 원래 '공개편지'의 형식으로 개인 홈페이지 〈날개통신〉에 게재된 글이다.《삶을 바꾼 페미니즘 강의실》(곰출판, 2022)에 본문과 첨언이 실린 바 있으나 여기서는 본문만 게재한다(엮은이).

구하게 유지되어온 권력과 문화에 도전하는데 어찌 개인의 이름이 불리기를 바랄 수 있겠어? 또 장검을 빼어들고 무시무시하게 달려들기보다는 작은 칼로 여기저기를 들쑤시는데, 짜증 나지 않겠어? 그리고 오래 가는 항의는 아무튼 짜증 나는 거야. 내가 잘 돌보고 싶은 아이도 자꾸 울면 짜증 나는데 (의학상의 이상증세로 끊임없이 우는 아이를 평소 아이들에 애정이 많은 여성에게 폐쇄된 공간에서 돌보도록 하니까, 3일 정도 지나서 살해 충동을 느끼더라는 결과를 낸 실험도 있었지), 별로 동의해주고 싶지 않은 이야기를 자꾸 하면 정말 짜증이 안 나겠어?

내가 이 말을 하는 것은 그런 반응에 대해 존중심을 가지라는 것은 물론 아니야. 사람들의 짜증내는 반응을 자꾸 접하면, 그리고 가까운 사람들과도 자주 다투게 되면, 점점 자신이 없어지고 초라하게 느껴질 수 있을 텐데, 그때 어쩌겠느냐는 이야기를 하자는 거야.

반복되는 항의가 사람을 초라하게 느끼도록 만든다는 것은 분명한 것 같아. 항의는 내가, 우리가, 갖지 못한 것을 이야기하는 것이고, 같은 항의가 오래 반복된다는 것은 그렇게 오랫동안 결핍의 상태에 있다는 것이니까. 그러니까 항의 기간이 길어지면 저쪽은 짜증 나고 이쪽은 초라하고 비참한 거야.

이런 느낌은 인지상정이야. 인지상정이라고 하지만, 일단 그 느낌이 들기 시작하면 너무 기분이 좋지 않기 때문에, 모든 것을 다 버리고 싶기 때문에, 어떤 대비를 해야 돼. 설마 네가 "불만은 나의 힘"이라면서, 대립 자체를 즐기는 것이 아니라면 말이야. 역시 역사적 소명의식이 너를 뒷받침하는 가장 큰 힘이겠지. 그러나 나는 그 이야기는 접어두고 싶다. 내가 말하고 싶은 것은 좀 더 개인적인 문제야. 감히 조언자 역할을 해도 된다면 두 가지를 말하고 싶다.

하나는 네가 세상에서 이미 알고 있는 것을 확인하는 것보다 새로운 것을 흡수하는 것이 더 많아야 한다는 것이야. 뿌리에서 흡수하는 것보다 많은 수분을 방출하는 식물은 고사한다. 대기의 온도가 높을수록 더 많은 수분을 빨아들여야 하지. 항의할 줄 알아야 하지만, 나중에 자신이 줄 것도 있어야 한다. 세상에 애정과 호기심을 가지고, 네 지식과 정서의 저장고를 듬뿍 채워두어라. 페미니즘이 네 주장의 설득력을 보증해주는 것이 아니라, 너의 지식이 너의 페미니즘에 설득력을 가져다주는 것이야. 페미니즘 아닌 다른 영역에서도 지적으로 신뢰받을 수 있어야 사람들이 네 페미니즘도 신뢰한단다.

다른 하나는 자신의 기쁨이 있어야 한다는 것이다. 네가 너의 기쁨을 찾는다고 해서 너의 항의의 진실성이 떨어지는 것은 아니란다. 오히려 너의 기쁨과 생동성만큼 너의 주장에 전반적인 설득력을 가져다주는 것도 없단다. 다른 사람에게 무엇을 내놓거나 혹은 포기하라고 요구하는 것보다, 네가 가지고 있는 것에 다른 사람들이 호기심을 갖도록 해라. 그렇게 하려면 너에게 어떤 즐거움이 있어야 한다. 종교수행자가 괴로운 표정만 짓고 있으면 사람들이 호기심을 가질 수 있겠니? 다 버리고도 잔잔한 미소를 짓는 그런 '다름'에 비로소 사람들이 압도되는 것이지. 페미니스트면서 나름대로 멋지고 행복하게 살아라.

나의 작은 철학

낙지인생

웬 낙지 얘기냐구요?
바지락 끓인 국물에 매운 낙지볶음 한 접시 놓고
한잔 생각이 나서요.
하하. 사실은 지락知樂과 낙지樂知 이야기입니다.

공부를 해나가면
앎을 즐기고 즐거움을 아는 경지에 조금씩 가까이 가리라고
막연하게 희망했던 것 같습니다.
그런데 공부하는 직업을 가진 사람들 속에 섞여 있어도
온통 정치와 경제, 건강 이야기뿐이네요.

다른 사람들이 하는 작업을 신기해하고
자기 생각 조심스럽게 펼쳐 보이는
낙지 공동체는 꿈이었을까요?

아마 내 눈이 흐려지고 귀가 둔해진 것이겠지요.
그것은 모르고서
볼 것, 들을 것이 별로 없다 하는 것일 겝니다.

우리, 어디서 다시 만날까

1.

《나의 작은 철학》은 하버마스 연구자이자 사회철학자로 잘 알려진 장춘익(1959~2021)의 철학 에세이집이다. 이 에세이집에는 그가 한림대학교 철학과 교수로서 1999년 6월부터 약 십여 년간 개인 홈페이지인 〈날개통신〉에 게재한 글들을 중심으로 다양한 시기에 집필한 강연이나 논평 원고, 또 미발표 수필과 단상 등 소품 형식의 글 여든 편이 담겨 있다. 그의 개인 컴퓨터에 남겨진 초고들을 살펴보면 〈날개통신〉의 일부 글들은 이미 일이 년 전부터 작성된 것이거나 다른 철학자들과의 토론에서 빌려온 것이기도 하지만, 이 개인 홈페이지가 그의 짧고 쉬운 철학적 글들이 탄생한 주요 무대인 것은 분명한 사실이다. 그는 왜 2000년대 초반 그렇게 집중적으로 짧고 쉬우며 개인적이기도 한 철학적 글들을 집필하고, 그렇게 적극적으로 학생들과의 대화에 나선 것일까?

1992년 여름 대학교육의 현장에 발을 내딛은 장춘익은 규범적 학문으로서 인문학의 위상이 의문시되고 고전적 커리큘럼에 대한 학생들의 흥미가 점점 줄어드는 현실 앞에서 철학 교육의 새로운 방향을 지속적으로 고민한다. 2000년을 전후한 시기 그는 주목할 만한 두 가지 새로운 시도를 하는데, 하나는 페미니즘이나 생태주의와 같은 현실의 중요한 이슈를 포괄하는 실천철학적 교육을 강화하는 것이었다. 다른 하나는 강의실과 정규 커리큘럼을 벗어나 자유롭고 친밀한 대화의 형식으로 학생들이 철학적 사유의 재미와 힘을 쉽게 경험할 수 있는 살아 있는 지적 소통의 무대를 만드는 것이었다. 〈날개통신〉은 그 과정에서 태어났다. 그래서 이 책에서 만나는 글들은 일상의 구체적 경험과 현상에 대한 관찰과 질문에서 시작해 삶에 대한 편견을 벗어나 새로운 인식과 도덕적 판단에 이르는 원래적 의미의 철학적 사유의 재미와 힘을 고스란히 보여주고 있다. 그의 새로운 강의실은 학생들의 자유로운 토론과 교감의 열기가 넘치는 것으로 유명했다(《삶을 바꾼 페미니즘 강의실》곰출판 2022, pp.100~121). 그리고 〈날개통신〉은 당시 많은 학생들에게 공동의 철학적 사유가 친밀하고 신명 나는 대화로 이어지는 해방구로 받아들여졌다.

　　이처럼 특별한 〈날개통신〉의 글들과 저자의 그 외의 작은 글들을 일반 독자들을 위해 선별하고 정리하여 하나의 책으로 엮어내는 작업은 사실 나에게는 도전이며 자기 확신의 용기가 필요한 일이었다. 일반 독자와의 대화라는 변화된 소통의 맥락에서, 저자라면 어떤 원칙에 따라 자신을 글을 선별하고 다시 정리했을지 짐작하고 또 대변하는 책임을 져야 하기 때문이다. 독일 프라이부르크대학교 박사과정 시절부터 저자의 학문적 동료로서 늘 대화를 나누고 의견을 교환하며, 자신의 저술이거나 번역이거나 수시로 서로의 글을 수정하고 윤문하는 수고를 나누었던 오랜 경험을 바탕으로 도대체 맡을 수 있는 역할이었다. 그럼에도 불구하고 책 형식의 출판을 염두에 두지 않았던 초고 수준의 자유롭고 다양한, 또 적지 않은 분량의 글들로부터 저자가 원했을 하나의 에세이집을 엮어내는 일은 나로서는 분명 도전이었다. 조금 과장해서 말하면, 탐나지만 심하게 엉켜 있는 실타래로부터 재료에 걸맞게 보기 좋고 입을 만한 스웨터를 짜내야 하는 숙제와 같았다.

책으로의 재탄생을 위한 형식적 조건으로는 두 가지를 염두에 두었다. 첫째, 아주 짧은 단상이거나 아니면 제법 긴 에세이거나 사유의 취지와 내용의 전개에서 저자 스스로 대변할 만한 완성도를 갖추어야 한다는 것이다. 이런 관점에서 내용과 형식이 미비한 글들을 제외했고, 내용의 정확한 이해를 위한 경우에 최소한의 내용 보완을 시도했다. 둘째, 각각의 글들은 집필 시기나 형식과 상관없이 장별로 제시된 주제와의 연관성에 따라 분류하며, 하나의 장 아래 모인 글들은 해당 주제에 대한 사유의 흐름을 이어가는 데 도움이 되는 순서로 배치했다.

이렇게 정리되어 이제 독자들을 만나는 장춘익의 《나의 작은 철학》은 오미五味를 모두 갖춘 음식에 비교할 수 있겠다. 언어의 형식과 문체의 측면에서 보면, 이 책에 담긴 글들은 날카롭지만 유쾌하고, 진지하지만 무겁지 않고, 깊은 우울의 흔적이 있지만 따뜻하다. 내용과 주제의 측면에서 보면, 이 책은 개인의 실존적 자유를 집요하게 옹호하지만, 동시에 공존과 연대의 가치 실현을 끊임없이 모색한다. 문화적 권위주의와 자원을 독점하는 사회계급에 대한 분노는 분명하지만, 자본주의 경제와 시장이 현대사회의 체계를 구성하는 매체라는 사실에 대한 인식, 그리고 제한적이지만 누군가에게는 종교가 의미 있을 수 있다는 인정도 공존한다. 성 역할 규범과 사랑은 종종 인간의 자유와 실존을 억압하는 힘으로 비판받지만, 일상에서 익숙한 도덕에 숨겨진 진정한 실존적 의미가 새롭게 해석되기도 한다. 장춘익의 철학적 사유의 이러한 다양성을 드러내는 동시에 그 다양성 뒤에서 일관되게 작동하는 저자 고유의 자유와 공존에 대한 가치 의식을 독자가 읽어낼 수 있도록 돕는 것, 그것이 바로 엮은이로서 나의 작업을 이끈 가장 중요한 원칙이었다. 철학, 덕, 자유, 사회, 시장, 사랑의 소제목 아래 이어지는 6개의 장은 이런 고민을 거쳐 도달한 결과다.

2.

일상의 경험과 현상에 대한 관찰과 질문에서 출발해 존재와 규범, 사회적 삶과 가치에 대한 사유를 전개하는 이 책은 장르로 보자면 교양 철학서이자 인문 에세이라고 할 수 있다. 하지만 눈 밝은 독자라면 이 책이 한 지식인의 실존적 고백이라는 또 하나의 서브텍스트를 내포하고 있음을 눈치챘을지 모르겠다. "마흔을 넘어서도" 부르는 김광석의 〈서른 즈음에〉를 소환하며, 저자는 "이미 상실했는데 그 상실을 수용하지 못해서 삶의 다른 재미들까지 잃어버리게 만드는 것"이 무엇인지 묻는다. 그러면서 "답의 윤곽은 조금씩 드러나는데, 우울은 좀체 사라지려 하지 않는다"고 고백한다(〈우울에 관하여〉 2002). 또한 자신이 가졌던 것은 "용기가 아니라 저항정신"이었고, 그래서 이제 "정열적인 몸짓들이 자꾸 흔적 없이 사라지는"(〈저항과 용기의 차이〉 2001) 것이라는 실망을 표현한다.

이 희미한 우울과 실망이 단지 나이와 더불어 찾아오는 개인적 심리적인 현상이 아니라, 지식인으로서의 자기 이상과 정체성의 변화와 상관있다는 것을 몇몇 글들은 짐작하게 만든다. 저자는 청년 시절에 진보적 생각을 실천에 옮기면서 피해를 입었던 친구들에게 늘 "미안하고 부끄러웠"지만, "책임져야 하는 일들이 늘어나면서, 또 (자신이) 누리는 편안함에 익숙해지면서, 이제는 진보주의자가 되지 못하는 것을 아

나의 작은 철학

쉬워하지도 않는다"고 인정한다.(〈보수를 기다리며〉 2004)
저자는 무엇보다 지식인 공동체에 대한 실망을 숨기지 않는
다. 학문과 공부를 통해 "앎을 즐기고 즐거움을 아는 경지에"
다가가고 싶었던 그는 "온통 정치와 경제, 건강 이야기뿐", "다
른 사람들이 하는 작업을 신기해하고 자기 생각을 조심스럽
게 펼쳐보이는 낙지樂知 공동체"는 찾기 어려워진 현실에 가
슴 아파한다(〈낙지인생〉 2004).

　　나는 이 책에 담겨 있는 저자의 이러한 실존적 고백의 층
위를 주목할 때 비로소 자유롭고 친밀한 지적 대화의 무대였
던 〈날개통신〉과 여기서 시작된 작은 철학적 글들의 의미를
제대로 이해하게 된다고 생각한다. 이 책에 실린 글들은 저자
자신을 포함해서 이 지적 공동체가 경험했던 사유의 힘과 연
대의 기쁨을 반영하며, 동시에 그 결과물인 것이다. 즉 이 책
은 한 낙지공동체의 반영이며 낙지공동체에 대한 꿈을 담고
있다. 그래서 이 책은 희미한 우울과 실망을 넘어선다. 저자
는 음식과 노동의 진정한 가치를 상기시키며, 철학을 "더도
덜도 말고 꼭 조리법처럼 생각하면 된다고" 말한다. 그것은
지식인들의 허영과 과잉된 자기의식을 가볍게 뛰어넘는 촌
철살인의 유머이며, 그들을 향해 던지는 자기상대화와 겸손,
그리고 자기절제에 대한 설득력 있는 요구이다(〈요리철학 혹
은 철학요리〉 2006). 더 나아가 그는 이제 "잠깐 함께 분노하
고 그보다 길게 즐거운 얘기를 나누고, 그 후엔 제법 긴 침묵
도 어색하지 않으면서 한잔할 수 있는 친구"의 존재에 행복해

한다(〈친구〉 2013).

　이 책의 이러한 실존적 고백의 층위가 드러내는 저자의 모습은 사실 내가 잘 알고 있는 그의 개인적인 모습이기도 하다. 저자와 엮은이는 오랜 학문적 동료일 뿐 아니라 정확히 그만큼 오랜 인생의 동반자였다. 청춘의 사랑과 행복을 공유하고, 가족으로서 보통의 수고와 갈등과 어려움을 나누었으며, 직업인이자 교육자로서 공통의 고민을 함께 나누었다. 시대의 아픔과 희망, 학문적 포부와 가치를 둘러싼 대화 역시 우리가 나눈 일상의 한 부분이었다. 이 책 곳곳에는 친구이자 동료로서 또 인생의 동반자로서 엮은이가 실제로 겪었던 저자의 모습이 그대로 묻어난다. 예컨대 필요하면 언제라도 기존의 남녀 역할을 뒤바꿔 대응하는 것은 우리에게는 너무나 당연한 일이었다. 하지만 이 책에는 내가 잘 알지 못했던 장춘익의 삶의 진실도 담겨 있다. 아무도 예상하지 못한 순간에 찾아온 그와의 때 이른 영원한 이별 앞에서 가족뿐 아니라 많은 제자와 친구, 학문적 동료들이 저마다의 실존적 상실의 고통으로 슬퍼하는 것을 나는 목격했다. 따뜻하고 정의로우며, 호기심 많고, 집요하며 자유로운 사고의 소유자였던 장춘익은 자신의 학문과 생활공동체에서 교육자이자 동료이자 또한 인간으로서 다른 어떤 편견의 제약 없이 진실하게 상대를 대했던 것이리라. 그가 떠난 후 그의 학문적·교육적 족적을 기리는 저서들이 세상에 나오면서 동료와 후학들은 그의 뜻을 이어갈 수 있게 되었다(《장춘익의 사회철학》[전2권] 북이

　　　　　　　　　　　　　　　　나의 작은 철학

십일, 2022;《삶을 바꾼 페미니즘 강의실》곰출판, 2022). 그리고 이제 여기 이 책은 철학자 장춘익을 넘어 실존적 존재로서 인간 장춘익을 기억하고 이해하게 도와줄 것이다.

3.

이 책이 현재의 모습으로 세상을 만나기까지 여러 사람의 도움이 있었다. 우선 2000년대 초반 당시 〈날개통신〉의 열렬한 독자였던 박영진(한림대학교 사회학과 졸업)과 김근혜(한림대학교 철학과 졸업)에게 감사한다. 이들은 〈날개통신〉의 글을 수집하는 데 큰 역할을 했다. 이들이 수집한 몇몇 글은 저자의 개인 컴퓨터에서도 발견할 수 없는 소중한 것이었다. 이 둘과 더불어 마찬가지로 〈날개통신〉의 일차 참여자였던 강병호, 조한진희, 이민호, 이현준은 그 글들과 공간이 개인적으로 또 한림대학교 철학과라는 교육공동체에 어떤 의미였는지 증언해주었다. 게다가 이현준은 원고의 최종 윤문 과정에 힘을 보탰다. 한림대학교 철학과의 오랜 동료이자 친구인 주동률, 한때 동료였던 윤리학자 김은희, 또 스스로 사회철학자가 된 강병호는 장춘익 에세이의 철학적 의미에 대해 논의가 필요할 때마다 거리낌 없이 도움을 요청할 수 있는 든든한 파트너였다. 마지막으로 곰출판의 심경보 대표와 박병규 편집장에게 감사한다. 심경보 역시 〈날개통신〉이 만들어낸 기적 같은 지적 공동체의 경험을 바탕으로 이 책의 가치를 처음부터 확신하고 출판을 제안했다. 박병규는 진지한 철학적 사유와 편집자의 전문적 식견으로 엮은이를 격려하고 조언했다.

철학적 사유와 평등한 토론이 주는 기쁨과 해방의 힘을 믿었던 장춘익은 앞서 언급했듯이 〈날개통신〉이 참여자 모두가 자유롭게 어울릴 수 있는 신나는 공동 생각놀이터 같은 무대가 되기를 희망했다. 철학적 사유와 평등하고 행복한 소통의 경험을 통해서 이제 대학에 들어온 청춘들이 고유한 정신과 도덕적 힘을 발휘하는 '개인'으로 성숙하기를 바랐다. 그래서 학교를 떠나 사회에 나가서도 자신을 지키고 시민적 가치를 지킬 수 있기를 희망했다. 이제 《나의 작은 철학》으로 세상을 다시 찾은 그의 단상과 에세이들은 인생의 어떤 모퉁이에서 왠지 멈칫하는 순간을 맞은 그 누구라도 문득 손 내밀 수 있는 그런 어떤 것이라고 나는 생각한다.

인생의 틈과 균열은 우리가 예상하지 못한 순간에 우연히 그리고 일상의 어느 방향에서도 우리를 찾아오지 않는가. 사유는 틈과 균열 자체를 없앨 수는 없지만, 그것을 바라보는 시선을 바꾸고 현실에서 행위의 방향을 재조정하는 힘을 줄 수 있다. 그 결과 우리는 우아하게 그 인생의 틈을 건널 수 있을지 모른다. 사유는 그렇게 위로가 되고 나의 것이 된다. 독자들이 일상의 틈 앞에서 멈칫하고 혼란을 느낄 때, 《나의 작은 철학》에 실린 여든 편의 글이 이런 위로가 되었으면 한다. 여든 편의 글 가운데 어떤 글이든 당신에게 말을 거는 글이 있다면 그 글이 품고 있는 따뜻한 사유의 초대장을 펼쳐보기 바란다. 어쩌면 장춘익의 '작은 철학'에서 독자마다의 '작은 철학'이 커나갈 수도 있을 것이다.

탁선미 (한양대학교 독문과 교수)

나의 작은 철학

일상의 틈을 우아하게 건너는 법

지은이　　장춘익
엮은이　　탁선미

1판 1쇄 펴냄 2023년 5월 18일
1판 5쇄 펴냄 2024년 11월 21일

펴낸곳　　곰출판
출판신고　2014년 10월 13일 제2024-000011호
전자우편　book@gombooks.com
전화　　　070-8285-5829
팩스　　　02-6305-5829

종이　　　영은페이퍼
제작　　　미래상상

ISBN　　979-11-89327-21-7　03100